Rosey Cummings, Karen Houghton & Le Ann Williams

Jedes Kind will schlafen –

Die sanfte Alternative

Rosey Cummings, Karen Houghton &
Le Ann Williams

Jedes Kind
will schlafen –
Die sanfte Alternative

BEUST VERLAG

Die Deutsche Bibliothek – Cip-Einheitsaufnahme

Cummings, Rosey:
Jedes Kind will schlafen : die wirkungsvolle und erprobte Methode,
um Babys und Kleinkinder zum Schlafen zu bringen / **Rosey
Cummings ; Karen Houghton ; Le Ann Williams.** Ill. von Katja
Lechthaler. - [Übers. aus dem Engl.: Claudia Magiera]. - München :
Beust, 2000.
(KidsWorld)
Einheitssacht.: Sleep right, sleep tight <dt.>
ISBN 3-89530-038-1

1. Auflage November 2000

Copyright © 2000der deutschen Ausgabe:
Beust Verlag, Fraunhoferstr. 13, 80469 München
www.beustverlag.de
Alle Rechte vorbehalten. Reproduktionen, Speicherung in Datenverar-
beitungsanlagen, Wiedergabe auf elektronischen, fotomechanischen
oder ähnlichen Wegen, Funk und Vortrag – auch auszugsweise – nur
mit Genehmigung des Copyrightinhabers.

ILLUSTRATIONEN: Katjy Lechthaler
ÜBERSETZUNG UND LEKTORAT: Claudia Magiera, München, für GAIA
Text, München
LAYOUTDESIGN, SATZ UND PRODUKTION: Gerhard Stoppe, GAIA Text,
München
UMSCHLAGDESIGN: Markus Härle für GAIA Text, München
DRUCK: Offizin Andersen Nexö, Leipzig

ISBN 3-89530-038-1

Printed in Germany

Inhalt

Widmung

Wir widmen dieses Buch
allen Eltern und Kindern, die uns
bei unserer Arbeit für den *Tweddle Child and
Family Health Service* inspiriert und unterstützt haben.
Besonderer Dank gilt all jenen Eltern,
die uns Dankesbriefe geschickt und
ihre Erfolgserfahrungen geschildert haben:
Ihre Berichte bereichern dieses Buch.
Namen wurden zum Schutz
der Persönlichkeitsrechte geändert.

Danksagung

Der *Tweddle Child and Family Health Service*
dankt seinen Mitarbeitern, die mit Elan, Engagement und
Professionalität die in diesem Buch erläuterte
Beruhigungs- und Schlaftraining-Methode
entwickelt und verfeinert haben.

Besonderer Dank gilt Karen Clark, Kerry Connolly,
Robyn Goodman, Gina Ralston und Hazel Speirs,
ohne deren Anregung und harte Mitarbeit
dieses Buch nicht entstanden wäre.

Geleitwort

Zu den häufigsten und frustrierendsten Formen von Problemverhalten, über die Eltern klagen, zählen Schlafstörungen von Säuglingen und Kleinkindern. Kaum etwas vermag das elterliche Selbstvertrauen heftiger zu erschüttern als ein schreiender, quengelnder Säugling, der sich nicht beruhigen lässt, oder ein Kleinkind, das einfach nicht einschlafen will oder in der Nacht mehrfach aufwacht. Ergebnis von Schlafschwierigkeiten sind übermüdete, reizbare Kinder und angespannte, unausgeschlafene Eltern – eine unheilige Allianz, die unter Garantie eine Familienatmosphäre schafft, in der nichts glatt über die Bühne geht und die Nerven aller allzeit zum Zerreißen gespannt sind.

Während manche Säuglinge sich sehr schnell verlässliche, stetige Schlafmuster zulegen, gelingt anderen dies weniger leicht. Oftmals machen Eltern, die ihr Bestes tun, um das Kind an ein Regelmaß zu gewöhnen, unabsichtlich alles nur noch schlimmer. Sie suchen Hilfe in Büchern, bei wohlmeinenden Verwandten und allen möglichen Beratungsstellen. Sie probieren die verschiedensten Methoden aus, manchmal heute diese und morgen jene, in ihrem Bestreben, dem Kind zu einem ruhigen Nachtschlaf zu verhelfen. Wir Kinderärzte werden von ihnen mitunter erst dann konsultiert, wenn ihre kleinen Kinder schon seit vielen Monaten an Schlafstörungen leiden und die Eltern, nachdem sie alles Erdenkliche versucht haben, fast nicht mehr zu hoffen wagen, dass ihr Kind jemals wird die Nacht durchschlafen können.

Wie man einen Säugling beruhigt und ein Kleinkind dazu bringt, nachts durchzuschlafen, ist keine hochkomplizierte Wissenschaft. Es gibt althergebrachte Techniken, die, wenn man sie konsequent und mit gutem Mut einsetzt, nahezu immer zum Ziel führen. Dieses Buch stellt die Methode vor, die der *Tweddle Child and Family Health Service* im Verlauf vieler Jahre bei inzwischen Tausenden betroffener Säuglinge, Kleinkinder und Eltern erfolgreich angewendet hat. *Jedes Kind will schlafen* ist ein Arbeitsbuch, dessen praktische, konkrete Anleitungen Eltern leicht nachvollziehen können. Es erschlägt die Leser nicht mit theoretischen Ausführungen, sondern erhellt durch bündige Konzentration auf das Wesentliche die Hintergründe seiner Ratschläge.

Da Ursachen und Bewältigung kindlicher Schlafschwierigkeiten je nach Altersstufe variieren, differenziert *Jedes Kind will schlafen* zwischen Säuglingen von ein bis sechs und sechs bis zwölf Monaten sowie Kleinkindern von ein bis drei Jahren. Es gehört nicht zu den Büchern, die Eltern nach dem Lesen ins Regal stellen. Es ist vielmehr ein Ratgeber, den Eltern laufend heranziehen und durch allerhand Notizen mit ihrem persönlichen Stempel versehen. Mir selbst gefallen insbesondere die Abschnitte »Was tun, wenn?«, in denen häufige Fragen von Eltern beantwortet werden. Denn nur zu oft setzen Betroffene Empfehlungen eines Elternratgebers in die Tat um, um sich bei ausbleibendem Erfolg bewusst oder unbewusst schuldig zu fühlen. »Was tun, wenn?« hingegen hilft aufdecken, weshalb Strategien zuweilen aus ganz einfachen Gründen tatsächlich oder scheinbar nicht fruchten.

Jedes Kind will schlafen ist ein exzellentes Hilfsmittel, das sich für Eltern sowie Fachleute, die mit an Schlafstörungen leidenden kleinen Kindern und ihren Familien arbeiten, als sehr wertvoll erweisen wird. Es ist die Kristallisation von zahlreichen Jahren der erfolgreichen Erfahrung mit betroffenen Kindern und Familien, und es ist mehr als zu begrüßen, dass der *Tweddle Child and Family Health Service* sein angesammeltes Wissen nun einer breiteren Öffentlichkeit zur Verfügung stellt.

PROFESSOR FRANK OBERKLAID
LEITER DES CENTRE FOR COMMUNITY CHILD HEALTH
ROYAL CHILDREN'S HOSPITAL
MELBOURNE

Über die Autoren

Rosey Cummings

Rosey ist Ausbildungskoordinatorin beim *Tweddle Child and Family Health Service*, einem Zentrum für frühkindliche Erziehung in Footscray, Melbourne. Zu ihren Fachgebieten zählen Allgemeine Krankenpflege, Geburtshilfe und Erwachsenenbildung. Zurzeit macht sie eine Ausbildung in Öffentlicher Gesundheitsfürsorge.

Rosey hat in zwanzig Berufsjahren ausgiebige Erfahrungen und Sachkenntnisse auf den Gebieten der Frauenheilkunde und frühkindlichen Erziehung erworben. Dies hat sie bestärkt in ihrem Bemühen, die Bedürfnisse nach gesundheitlicher Betreuung, Bildungsmöglichkeiten und moralischem Beistand, die Menschen zu verschiedenen Zeitpunkten ihres Lebens verspüren, durch entsprechende alternative Angebote zu stillen.

Rosey ist davon überzeugt, dass Elternsein das Leben bereichert. Die Elternschaft versetzt Sie, indem Sie mit Ihren Kindern lernen und reifen, in die Lage, die gesamte Bandbreite Ihrer Gefühle, Kenntnisse und Fähigkeiten kennen zu lernen und auszuschöpfen. Rosey und ihr Partner Ross haben zwei Kinder im Teenageralter.

Karen Houghton

Karen wohnt in Melbourne, wo sie auch aufgewachsen ist. Ende der 1970er bis Anfang der 1980er Jahre absolvierte sie Ausbildungen zur Krankenschwester, Hebamme und Säuglingsschwester. Im Anschluss war sie in diversen öffentlichen und privaten Einrichtungen als Säuglingsschwester und Elternberaterin sowie in der Verwaltung tätig. Sie leitete neun Jahre lang, bis zur Geburt ihres Sohnes 1998, den Krankenpflegedienst des *Tweddle Child and Family Health Service*. Als Mitglied des Krankenpflegeteams arbeitet sie weiterhin für Tweddle und außerdem als Beraterin von Eltern kleiner Kinder, die sie zu Hause aufsucht.

Karen ist außergewöhnlich erfahren in und besonders interessiert an der Arbeit mit Familien, deren Babys und Kleinkinder sehr unruhig sind und schlecht schlafen.

Le Ann Williams

Le Ann ist Hebamme, Säuglingsschwester, Stillberaterin und besitzt einen Bachelorabschluss in Pädagogik. Sie hat in verschiedenen Gesundheitseinrichtungen gearbeitet. Als Angestellte des *Tweddle Child and Family Health Service* hat sie in den vergangenen acht Jahren Erfahrungen in der Wohnheim- und Sozialdienstverwaltung sowie in der Elternberatung gesammelt.

Für Le Ann stellt die Elternschaft eine der größten Herausforderungen des Lebens dar. Ihrer Meinung nach gibt es nicht den einen einzig wahren Weg, ein Kind zu erziehen. Bei ihrer Arbeit mit Eltern liegt ihr daran, diese zu ermuntern, das Große und Ganze nicht aus dem Auge zu verlieren, sie zu informieren, ihnen verschiedene Optionen zu unterbreiten und dann zu helfen, die Wahl zu treffen, die der Familie am besten bekommt.

Le Ann und ihr Partner haben ein kleines Kind, das ihrem Leben eine neue Dimension verliehen hat. Sie beide akzeptieren die Veränderungen, die zusätzlichen Anforderungen und Belohnungen, die das Elternsein mit sich bringt.

Vorwort

Dass ein kleines Kind schwer zur Ruhe kommt und schlecht schläft, kann für die Familie vielerlei negative Auswirkungen zeitigen, unter anderem vom Schlafmangel erschöpfte, gestresste und streitbare Eltern und auf Seiten des Kindes Ess-Störungen und Verhaltensprobleme. Verzögern des Zubettgehens und Einschlafens, zu kurzer oder gar kein Tagschlaf und häufiges Aufwachen in der Nacht können es Eltern verargen, sich an ihrem Kind zu erfreuen.

Ergeht es Ihnen so? Dann lassen Sie sich versichern: Sie stehen damit nicht allein da, im Gegenteil.

 *Hätten wir bloß früher von der Tweddle-Methode gewusst! Ethan, jetzt zwei Jahre alt, schläft inzwischen nachts durch, und wir wenden dieselbe Methode bei unserem vierjährigen Tom an. Unsere Freunde und Familien sagen, wir alle hätten uns völlig verändert. Wir selbst haben das Gefühl, dass wir endlich anfangen, uns an unseren wunderbaren Jungen zu erfreuen.*

Robyn und John

Wir wissen, dass das Elterndasein seine schwierigen, herausfordernden Fassetten hat. Und wir sind alle verschieden: Was für die eine Familie ein Problem darstellt, muss es nicht auch für die andere Familie sein. Je nach unseren aktuellen Lebensumständen mögen wir unterschiedlich auf Situationen reagieren. Kultureller Hintergrund, Erziehung, die von der Gesellschaft an Eltern herangetragenen Erwartungen sowie unsere eigenen Vorstellungen von der Elternrolle, dies sind

lediglich einige der Faktoren, die unsere Reaktionsweise be-
einflussen. Oft lässt sich nicht sagen, wie man etwas richtig
oder falsch macht. Wichtig ist vor allem, dass Sie tun, was
Sie selbst tief im Innern für sich und Ihre Familie für richtig
halten.

Viele Eltern haben uns Bedarf an einem Buch über eine
wirksame Beruhigungs- und Schlaftraining-Methode ange-
meldet. Dieses Buch will Ihnen und Ihrem Kind helfen, bei
Tag ebenso wie bei Nacht auftretende Ruhelosigkeit und
Schlafschwierigkeiten zu überwinden. Seine praktischen Rat-
schläge, Empfehlungen und Techniken zielen darauf, dass Ihr
Kind lernt, sich allein zum (Wieder-) Einschlafen zu bringen.
Auch will es Ihnen helfen, die Schlafmuster von Kindern so-
wie die Bedeutung des Schlafes für eine gesunde kindliche
Entwicklung zu verstehen. Sie haben es in der Hand, dass Ihr
Kind ein besseres Entspannungs- und Schlafmuster ent-
wickelt, darunter längere Tagschlafphasen und ein geregelter
Nachtschlaf.

Einleitung

Bevor Sie eine der vorgestellten Techniken anwenden, sollten Sie *Kapitel 1: Über den Schlaf lesen;* es informiert über Wesen und Bedeutung des Schlafes sowie über die Gründe von Schlafschwierigkeiten. Jedes der folgenden drei Hauptkapitel erklärt und empfiehlt diverse Beruhigungs- und Schlaftechniken. Diese richten sich nach der Altersstufe Ihres kleinen Kindes. Einige Informationen werden in jedem Hauptkapitel wiederholt, da gewisse Grundsätze altersunabhängig sind. Im Übrigen betreffen Entspannungs- und Schlafprobleme gleichermaßen Jungen und Mädchen.

Nachdem Sie das erste Hauptkapitel gelesen haben, können Sie mit dem Kapitel fortfahren, das die derzeitige Altersstufe Ihres Kindes behandelt. Am Ende eines jeden Hauptkapitels finden Sie mehrere »Arbeitsblätter«. Diese dienen dazu, dass Sie die Entwicklung und Verbesserung der Entspannungs- und Schlafmuster Ihres Kindes klarer erkennen können. Die Benutzung der Arbeitsblätter ist in jedem dieser Kapitel erläutert.

Über die Begriffe Säugling, Baby, Kleinkind und Kind wurde schon viel diskutiert und viele legen sie ganz individuell aus: Eine Mutter hat uns erzählt, dass sie ihre Kinder Babys nennt, obwohl sie bereits das Teenageralter erreicht haben. Und eine andere Mutter bezeichnete gar ihren Partner als Baby ... Wie dem auch sei, im Allgemeinen spricht man im ersten Lebensjahr von einem Baby bzw. Säugling und danach (bis zum Schuleintritt) von einem Kleinkind; im zweiten Lebensjahr ist auch die Bezeichnung Kleinstkind üblich. Weichen unsere Termini von den Ihrigen ab, so ersetzen Sie sie beim Lesen in Gedanken durch den von Ihnen bevorzugten Begriff.

Benutzen Sie dieses Buch, wenn Sie entschlossen sind, die unbefriedigenden Schlafgewohnheiten Ihres Kindes und Ihrer Familie zu ändern. Weil es nun einmal nicht immer leicht ist, etwas zu verändern, geben wir Ihnen Tipps und Strategien mit auf den Weg, die Ihnen helfen, konsequent zu bleiben und die erzielten Fortschritte zu registrieren.

Während Sie das Schlafmuster Ihres Kindes zu ändern versuchen, sollten Sie in den normalen Wachphasen durch verstärkte Zuwendung einen Ausgleich schaffen und Ihre positive Beziehung zum Kind festigen: Verwöhnen Sie Ihren wachen Säugling mit zusätzlichen Streicheleinheiten, Ihr älteres Kind mit Lob, Liebkosungen oder (außerhalb der Ruhezeiten) einer außergewöhnlichen Unternehmung.

Kein Säugling und Kleinkind gleicht dem anderen, doch die hier vorgestellten Techniken und Strategien haben sich bei zahlreichen Familien über einen langen Zeitraum hinweg als erfolgreich erwiesen. Besprechen Sie gegebenenfalls, vor allem wenn Ihr Säugling oder Kleinkind spezielle Probleme hat, mit Ihrem Kinderarzt oder anderen Fachleuten, wie Sie die Schlafschwierigkeiten Ihres Kindes zu beheben gedenken und wie Sie unsere Methode Ihren Bedürfnissen anpassen können.

 *Rachel (sie ist zwölf Monate alt) schläft jetzt jede Nacht zwölf Stunden durch. Das hat unser Leben entscheidend verändert. Und das wird allen Familien so ergehen, die versuchen, Ordnung in ihr Leben zu bringen. Halten Sie durch! Es funktioniert! Es mag anfänglich schwierig sein, aber es funktioniert.*

Sue

1

Über den Schlaf

Wenn Eltern übermüdet sind

Eltern sein ist aufregend, erfüllend und herausfordernd. Es kann aber auch hochgradig ermüden, vor allem wenn Ihr kleines Kind unruhig ist und schlecht schläft. Schlafmangel macht Eltern auf Dauer nicht bloß müde. Er macht angespannt, ungeduldig und lustlos. Ist es so weit gekommen, fällt es Eltern oft schwer, einander zu unterstützen, und die Partnerschaft nimmt Schaden. Sind Sie Single und dazu chronisch unausgeschlafen, mag die alleinige Erziehungsverantwortung erdrückend auf Ihnen lasten. Die Kombination schlaflose Eltern und quengeliges, weil schlafgestörtes Kind führt nahezu unweigerlich dazu, dass das Familienleben alles andere als eine Freude ist.

Schlafstörungen können auch Geschwisterkinder in Mitleidenschaft ziehen, entweder auf direktem Wege, indem diese ebenfalls zu wenig Schlaf finden, oder indirekt durch die Tatsache, dass die Eltern permanent erschöpft und nervös sind.

Machen Sie einen Anfang

Ehe Sie die Ausführungen über den Schlaf lesen und die vorgeschlagenen Techniken anwenden, empfiehlt es sich, innezuhalten und sich bewusst zu machen, wie Sie sich in Ihrer gegenwärtigen Lage fühlen. Schreiben Sie Ihre Eindrücke – es genügen kurze Notizen – hier nieder.

Wie fühlen Sie sich zurzeit und was wollen Sie unternehmen?

_____

_____

_____

_____

_____

_____

Bevor Sie die Tweddle-Methode anwenden, sollten Sie unbedingt definieren, was Sie erreichen möchten.

Halten Sie Ihre Ziele schriftlich fest, damit Sie Ihr Ge-
samtvorhaben nicht vergessen, wenn Ihr Baby in den frühen
Morgenstunden einer dunklen Nacht jammert und unruhig
ist. Wenn Sie Ihre Ziele klar formulieren und sie sich jeder-
zeit vor Augen führen können, erreichen Sie eher, was Sie
sich vorgenommen haben.

Liefert zum Beispiel das Zubettgehen ständig Stoff für
Konflikte, möchten Sie vielleicht notieren: »Bis zum Ende
der kommenden Woche wird Jonas an zwei Abenden ohne
Aufstand ins Bett gegangen sein.« Sie mögen sich insgeheim
mehr erhoffen, doch es ist wichtig, sich ein realistisches Ziel
zu setzen. Dann werden Sie freudig überrascht sein, wenn
Sie und Jonas übers Ziel hinausschießen!

Meine/unsere Ziele beim Anwenden der Tweddle-Methode:

_____

ZIEL 1:

_____

ZIEL 2:

_____

ZIEL 3:

_____

Am Ende jedes Hauptkapitels finden Sie mehrere Ausfertigungen nützlicher Übersichten und Tabellen. Indem Sie diese regelmäßig ausfüllen, erhalten Sie Beweise dafür, dass sich das Schlafmuster Ihres Kindes verbessert und Sie immer weniger Zeit damit zubringen, Ihr Kind zu beruhigen. Ferner finden Sie Muster von Organisationsplänen. Diese erweisen gute Dienste, weil sie Ihnen helfen, im voraus zu überlegen, wie Sie tagsüber und bei Nacht vorgehen wollen; dazu gehört gegebenenfalls das Klären der Frage, wer sich um das unruhige Kind kümmert und wer um die Geschwister.

So manchen Eltern mag das konsequente Durchziehen eines Beruhigungs- und Schlaftraining-Programms schwer fallen. Dann helfen der Beistand und das Gespräch mit jemandem, der dieses Buch ebenfalls studiert hat. Zögern Sie nicht, die Unterstützung eines vertrauten Menschen aus Ihrem Freundes- oder Familienkreis in Anspruch zu nehmen. Halten Sie sich vor Augen, dass etliche Familien ähnliche Probleme haben wie Sie. Es muss Ihnen also nicht peinlich sein, um Hilfe zu bitten.

 Harry (er ist 18 Monate alt) schläft nun nachts elf Stunden in seinem Bettchen und tagsüber zwei Stunden. Er ist jetzt ein viel fröhlicherer kleiner Junge – ich bin mir sicher, weil es ihm gut tut, dass er genug Schlaf bekommt.

Wendy

Es ist von entscheidender Bedeutung, dass Sie als Eltern an sich glauben, wenn Sie sich daran machen, die Entspannungs- und Schlafmuster Ihres Kindes zu verändern. Seien Sie versichert, dass Sie mit der Tweddle-Methode auf einen Wissensschatz zurückgreifen, der hohe Anerkennung genießt und auf einer Fülle erfolgreicher Erfahrungen beruht. Zahlreiche Eltern haben mithilfe dieser Methode die Schlafgewohnheiten ihrer Kinder verbessern können. Wenn Sie durchhalten, werden Sie, Ihr Kind und Ihre gesamte Familie reich belohnt werden.

Mein Partner Grant und ich verstehen uns jetzt bestens. In den vergangenen Monaten waren wir so erschöpft, dass wir uns kaum dazu durchringen konnten, uns irgendetwas Nettes zu sagen. Unsere Freunde und Familien staunen, wie sehr wir uns verändert haben.

Debbie

Falsche Schlafmythen

MYTHOS 1:

Alle Säuglinge und Kleinkinder holen sich den Schlaf, den sie brauchen.

RICHTIG IST: Manche Säuglinge und Kleinkinder merken es nicht, dass sie müde sind, und wissen daher nicht, wann sie Schlaf benötigen.

MYTHOS 2:

Dass Säuglinge und Kleinkinder nur kurze Nickerchen machen und/oder nachts aufwachen, ist eine Phase, aus der sie herauswachsen.

RICHTIG IST: Säuglinge und Kleinkinder brauchen Schlaf. Anhaltende Ruhe- und Schlaflosigkeit ist kein normales entwicklungsbedingtes Symptom. Hilfe ist nötig, damit das Kind lernt, zu entspannen und zu schlafen.

MYTHOS 3:

Säuglinge und Kleinkinder haben keine Schlafprobleme.

RICHTIG IST: Schlafprobleme treten bei kleinen Kindern sehr häufig auf mit der Folge, dass die Kinder chronisch übermüdet und quengelig und viele Eltern erschöpft und verzweifelt sind.

Schlafproblem, was ist das?

Jede Familie ist anders. Was für einige ein Problem darstellt, ist für andere keines. Allerdings schleichen sich oftmals schlechte Schlafmuster ein, ehe die Eltern dies bemerken – um dann nicht zu wissen, wie sie eine Veränderung herbeiführen sollen.

Die Menschen haben individuell unterschiedliche Schlafmuster und Schlafbedürfnisse. Im Allgemeinen kann man bei Säuglingen und Kleinkindern von einem Schlafproblem sprechen, wenn dauerhaft eines oder mehrere der folgenden Anzeichen auftreten:

- ✗ Das Kind wacht häufig auf, obwohl es weder Hunger noch Durst verspürt.

- ✗ Die Schlafphasen währen sehr kurz (nicht länger als eine Stunde).

- ✗ Das Kind schläft nur ein, wenn es geschaukelt, gefüttert oder liebkost wird.

- ✗ Das Kind schläft spät am Abend ein und wacht früh am Morgen auf.

Viele Tausende von Eltern kennen Schlafprobleme aus eigener Erfahrung; schätzungsweise 15 bis 35 Prozent aller Familien mit Säuglingen und Kleinkindern sind davon betroffen. Ruhelosigkeit und Schlafstörungen Ihres Kindes bedeuten nicht, dass Sie »schlechte« Eltern sind. Wenn Sie an sich glauben und sich der Kenntnisse und der Methode bedienen, die das Tweddle-Zentrum im Verlauf langer Jahre im Verein mit Familien entwickelt hat, werden Sie erkennen, wie Sie Ihre Situation ändern können.

 Es ist einfach großartig, dass Luke gut schläft. Endlich kann ich mich hinsetzen und entspannen, ja mir sogar ungestört einen Fernsehfilm ansehen.

Kirsty

Weshalb schlafen manche Kinder schlecht?

Es gibt zahlreiche Gründe dafür, dass Kinder (am Tag wie in der Nacht) schwer einschlafen können und/oder aufwachen, bevor sie ausreichend Schlaf bekommen haben. Die häufigsten Gründe sind die folgenden:

- ✗ Ist es übermüdet, hat ein kleines Kind oft Mühe, ein- und durchzuschlafen.

- ✗ Bei einem nicht geregelten Tagesablauf fehlen dem Kind Anhaltspunkte dafür, wann es Zeit zum Schlafen ist.

- ✗ Häusliche Veränderungen wie der Umzug von der Wiege ins Kinderbett, in ein anderes Zimmer oder Haus, eine Urlaubsreise und ein neues Geschwisterchen können zu Schlafschwierigkeiten beitragen.

- ✗ Die Eltern erkennen nicht die Zeichen, die andeuten, dass ihr Kind müde ist. Ein kleines Kind mag hellwach und aufgeregt erscheinen, tatsächlich jedoch überdreht, übermüdet und bettreif sein.

25

✗ Hat sich das Kind an bestimmte Verhaltensmuster und Gegenstände als Einschlafhilfen gewöhnt, kann es ihm schwer fallen, ohne diese auszukommen.

✗ Manche Säuglinge (gleich ob sie gestillt werden oder das Fläschchen bekommen) und Kleinkinder haben die Angewohnheit, nicht zu festen Zeiten zu essen und zu trinken, sondern sich häppchen- und schlückchenweise durch den Tag zu schnabulieren. In diesem Fall sind sich die Eltern oft nicht sicher, ob verstimmtes, unzufriedenes Verhalten des Kindes auf Hunger oder Müdigkeit zurückzuführen ist, und bieten dem müden Kind etwas zum Essen oder Trinken an, statt es zu Bett zu bringen.

Ferner droht bei vielen Gelegenheiten die Gefahr, dass Eltern dem Kind unklare Schlafbotschaften übermitteln, d.h. dieses sagen, aber jenes tun. Das vermag kleine Kinder sehr zu irritieren, denn sie lernen durch die Wiederholung und Beständigkeit erhaltener Informationen. Sagen die Eltern zum Beispiel, das Kind müsse jetzt schlafen, tun jedoch nichts dafür, sondern lassen zu, dass Zwischenfälle das Zubettgehen hinauszögern, so empfängt das Kind eine verworrene Botschaft. Und diese legt es vielleicht schließlich auf eine oder alle der folgenden Weisen aus:

✗ Es ist nicht wirklich Schlafenszeit.

✗ Die verzögernden »Zwischenfälle« sind wichtiger als das Zubettgehen.

✗ Mami/Papi haben der Aussage, es sei Schlafenszeit, keine Taten folgen lassen. Also darf ich entscheiden, wann ich ins Bett gehe.

✗ Ich habe hier das Kommando.

✗ Mami/Papi meinen nicht, was sie sagen.

✗ Je länger ich wach bleibe, desto besser.

Nisten sich eine oder mehrere dieser Interpretationen im Kopf des Kindes ein, kann es leicht geschehen, dass die Entspannungs- und Schlafgewohnheiten des Kindes und der gesamten Familie Schaden nehmen. Mit der Zeit zieht sich das Zubettgehen immer weiter hinaus, bis es sich sowohl für die Eltern als auch für das Kind zu einem Problem entwickelt.

Häufig fühlen Säuglinge und Kleinkinder sich angeregt, wenn sie von ihren wohlmeinenden Eltern, Geschwistern oder auch Gästen ins Bett gebracht werden. Das Kind erscheint putzmunter, sodass die Eltern es womöglich im Glauben, es sei kein bisschen müde, ein wenig länger aufbleiben lassen. Damit brocken sie sich selbst die Schwierigkeit ein, ein aufgedrehtes Kind zum Schlafen bewegen zu müssen. Natürlich sind Säuglinge und kleine Kinder oft lustig und niedlich, aber man regt sie am besten dann an, wenn sie nicht müde und auf dem Weg ins Bett sind.

Mit lautstarkem Protest, Weinen und Schreien beim Schlafengehen erreichen Kinder so manches Mal, dass die Eltern nachgeben, noch eine Geschichte vorlesen, noch ein Küsschen geben, noch ein Fläschchen holen oder längeres Aufbleiben gestatten. In ihrer Verzweiflung lassen viele Eltern schließlich das Kind in ihrem Bett schlafen.

Wie diese wenigen Beispiele andeuten, gibt es in der Tat eine Vielzahl von Gründen für die Ruhe- und Schlaflosigkeit von Kindern. Und es gibt vielerlei Methoden, die Ärzte und Psychologen empfehlen und Eltern anwenden, um das Schlafverhalten kleiner Kinder zu ändern. Für welche davon Sie sich entscheiden, ist selbstverständlich Ihnen allein überlassen. Wir wollen Ihnen an dieser Stelle lediglich nochmals versichern, dass die hier vorgestellte Tweddle-Methode sich für viele Eltern und Experten als die wirkungsvollste erwiesen hat.

Das Ziel der Tweddle-Methode

Die erfolgreich erprobte Tweddle-Methode will erreichen, dass kleine Kinder:

- ✗ von allein einschlafen,

- ✗ sich selbst beruhigen, wenn sie vorzeitig oder zwischen zwei Schlafzyklen aufwachen,

- ✗ sich längere Schlafphasen angewöhnen, und zwar sowohl am Tag wie bei Nacht.

Die Tweddle-Methode legt hohen Wert darauf, den Kindern das Gefühl von Sicherheit und Wohlbehagen zu vermitteln. Wir alle brauchen Sicherheit und Unterstützung, insbesondere wenn wir unser Verhalten zu ändern versuchen, und kleine Kinder bilden hierin keine Ausnahme.

 *Wir haben andere Methoden ausprobiert, um Ethans (er ist zwei Jahre alt) Schlafmuster zu verändern. Doch es fiel uns zu schwer, sein Zimmer nicht zu betreten und ihn stundenlang weinen zu hören. Was Sie uns geraten haben, hat uns gefallen, denn es erschien uns liebevoller und wir hatten ein gutes Gefühl dabei.*

James

Sie berücksichtigt die verschiedenen Entwicklungsstufen von Säuglingen und Kleinkindern, wobei in der Entwicklung selbstverständlich stets kleine Unterschiede zu verzeichnen sind, da jeder Säugling und jedes Kleinkind ein Individuum und damit einzigartig ist. Die Beruhigungstechniken für ein bis sechs Monate alte Säuglinge basieren darauf, dass sie das Wohlbefinden und Geborgenheitsgefühl des Kindes stärken. Nach dem ersten halben Lebensjahr werden Babys aktiver, wachsamer und mobiler; leistet man einem Kind dieses Alters längere Zeit Gesellschaft und streichelt es, damit es einschläft, regt man es womöglich nur noch mehr an, stellt eine Abhängigkeit her und verlängert die Einschlafzeit. Ab dem Alter von sechs Monaten beginnt ein Baby zu begreifen, dass Menschen und Gegenstände nicht aufhören zu existieren, wenn sie aus seinem Blickfeld verschwinden. Trotzdem setzt unsere Methode, indem das schlaflose Kind nie länger als zehn Minuten allein gelassen wird, weiterhin auf die Faktoren Wohlbehagen und Sicherheit. Diese Bemerkungen mögen etwas abstrakt anmuten, doch wir werden sie in den folgenden Kapiteln zusammen mit unserer Methode näher erklären.

Die Tweddle-Methode zielt darauf, dass das Kind zum Einschlafen nicht auf die Eltern angewiesen ist. Sie will diese Abhängigkeit von den Eltern abschaffen bzw. von vornherein vermeiden, indem sie dem Kind hilft, allein einschlafen zu lernen.

Damit Ihr Kind sein Schlafmuster verbessert, müssen Sie drei wichtige Punkte beachten:

✗ Nehmen Sie eine realistische Erwartungshaltung ein, die den – sich alters- und entwicklungsbedingt verändernden – Schlafbedürfnissen Ihres Kindes entspricht.

✗ Übermitteln Sie Ihrem Kind beständige, unzweideutige Ruhe- und Schlafbotschaften.

✗ Bleiben Sie beim Anwenden unserer Methode beharrlich und konsequent.

Wissenswertes über den Schlaf und das Schlafen

Weshalb ist Schlaf wichtig?

Schlaf ist für Gesundheit, Wachstum und Entwicklung von Kindern jedes Alters wichtig. Guter, ausreichender Schlaf stärkt das Immunsystem des Kindes und mindert somit das Risiko von Infektions- und anderen Krankheiten. Ein Kind, das nachts gut schläft, ist tagsüber ausgeglichener, fröhlicher und umgänglicher. Auch Erwachsene brauchen ihren Schlaf, um den Anforderungen des Arbeitslebens, der Elternrolle und ihrer Partnerschaft gelassen und guten Mutes gerecht zu werden.

Wie schlafen wir eigentlich?

Wir wollen hier nicht detailliert auf die Erkenntnisse der Schlafforschung eingehen, sondern lediglich einige für Eltern wichtige Aspekte anschneiden. Der Schlaf von Erwachsenen wie von Kindern besteht aus mehreren Zyklen und jeder dieser Schlafzyklen aus zwei Schlafphasen oder -arten: dem REM-Schlaf (REM steht für *rapid eye movement,* »rasche Augenbewegungen«), oft auch Traum- oder Leichtschlaf genannt, und dem Nicht-REM-Schlaf oder so genannten Tiefschlaf. Der Nicht-REM-Schlaf wiederum untergliedert sich in vier Stadien. Um die Tweddle-Methode zu verstehen und anzuwenden, genügt es, sich mit dem Leicht- und Tiefschlaf zu befassen.

Während eines Schlafzyklus durchläuft der Schlafende also die Stadien von Leicht- und Tiefschlaf. Die Dauer eines Schlafzyklus beträgt bei Erwachsenen ungefähr 90 Minuten. Bei kleinen Kindern ist sie wesentlich kürzer: um die 20 bis 40 Minuten bei Säuglingen, circa 60 Minuten bei Kleinst- und Kleinkindern. Dass sowohl Kinder als auch Erwachsene zwischen zwei Schlafzyklen kurz aufwachen, um erneut einzuschlafen, ist durchaus normal.

Meist ist sich der Schlafende des Wachstadiums zwischen zwei Schlafzyklen nicht bewusst bzw. er erwacht nicht zu vollem Bewusstsein: Ein Erwachsener dreht sich vielleicht um, stopft das Kissen zurecht und fällt schnell zurück in den Schlaf, um sich am Morgen an die kurzen Wachstadien nicht zu erinnern.

Auch viele Kinder schlafen nach diesem kurzen Aufwachen ohne fremde Hilfe wieder ein: Wenn sie am Ende eines Schlafzyklus von 20, 40 oder 60 Minuten erwachen, gelingt es ihnen wie den meisten Erwachsenen, von selbst wieder einzuschlafen. Manche Kinder jedoch haben dies nicht gelernt und brauchen Unterstützung, um den unterbrochenen Schlaf fortzusetzen. Das tun sie kund, indem sie weinen, schreien, nach den Eltern rufen oder in ihr Bett schlüpfen. Kommt Ihnen das bekannt vor?

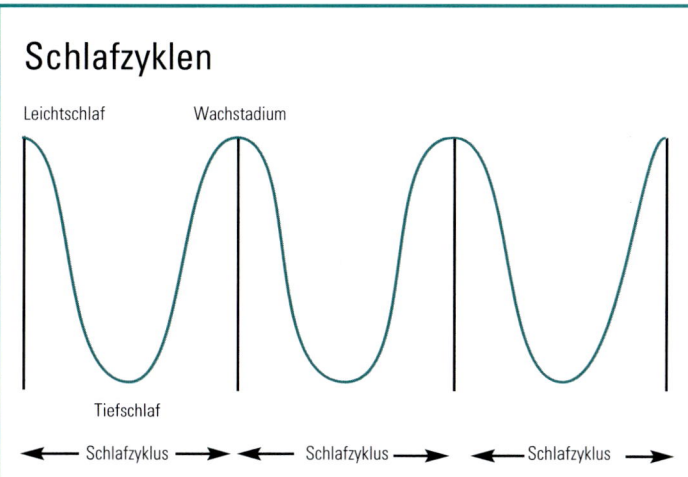

Schlafzyklen

Leichtschlaf   Wachstadium

Tiefschlaf

◄— Schlafzyklus —►   ◄— Schlafzyklus —►   ◄— Schlafzyklus —►

Wir alle schlafen in so genannten Schlafzyklen. Ein Schlafzyklus beginnt mit dem REM- bzw. Traum- oder Leichtschlaf, geht in den Tiefschlaf und wieder den Leichtschlaf über, dem das Wachstadium folgt, in dem der Schlafende entweder aufwacht oder den Schlaf mit einem neuen Zyklus fortsetzt. Beim Säugling dauert ein Schlafzyklus 20 bis 40 Minuten, ab dem Alter von einem Jahr ungefähr 60 Minuten und beim Erwachsenen etwa 90 Minuten. Als erholsamste Phase gilt der frühe Nachtschlaf.

WIR MÜSSEN JETZT SCHLAFEN GEHEN

Kindliche Schlafassoziationen

Vermag sich ein Kind nach Ablauf eines Schlafzyklus nicht allein wieder zum Schlafen zu bringen, so kann dies daran liegen, dass sich die Umstände, unter denen es zu Bett gebracht worden ist, verändert haben: Vielleicht will es zum Weiterschlafen liebkost werden, ganz so, wie die Eltern es beim Einschlafen getan haben. Traurig, dass dem nicht so ist, gelingt es ihm nicht, wieder einzuschlafen.

Hat das Kind zum Einschlafen einen Schnuller bekommen, mag es als selbstverständlich voraussetzen, dass es zum Weiterschlummern an ihm nuckeln kann. Hat es ihn jedoch im Schlaf verloren, wird es womöglich hellwach und schreit.

Oder es weint, wenn es sich beim Aufwachen allein vorfindet, ohne Mami und Papi, an deren Seite es eingeschlafen ist. Es meint, nur im Beisein der Eltern in den Schlaf sinken zu können.

Dies sind nur einige Beispiele für die Vorstellungen, die Kinder mit dem Schlafen verknüpfen. Hat eine bestimmte Situation ihm das Einschlafen ermöglicht, wünscht das Kind ihre Wiederholung, wenn es zwischen zwei Schlafzyklen erwacht. Statt kurz aufzuwachen und ohne Quengeln wieder einzuschlafen, fordert es den elterlichen Beistand ein. Es schreit, macht die Eltern auf sich aufmerksam und das Einschlafen von ihrer Unterstützung abhängig. Wird dies nachts zur Regel, können weder Kind noch Eltern durchschlafen und haben all die negativen Neben- und Folgewirkungen von Schlafmangel zu ertragen.

Gestörter Tagschlaf setzt ein anderes Szenario in Gang: Das Kind wacht nach einem Schlafzyklus von 20 bis 60 Minuten auf. Die Eltern nehmen es aus dem Bett in dem Glauben, es habe ausgeschlafen – was nach lediglich einem Schlafzyklus ganz und gar nicht der Fall ist, weshalb das Kind nervös und unzufrieden reagiert. Das kann zu allerhand schwierigen Verhaltensweisen führen, die seine Eltern eventuell auf Nahrungsunverträglichkeiten, Ess- und Verdauungstörungen oder andere Probleme zurückführen, bloß nicht auf den wahren Grund, nämlich Unausgeschlafenheit.

Sobald ein Kind sein Schlafmuster verbessert und die benötigte Menge Schlaf erhält, wendet sich in aller Regel sein gesamtes Verhalten zum Besseren.

Schlafmuster von Säuglingen und Kleinkindern

Von Eltern hören wir oft die Frage, wie viel Schlaf ihr kleines Kind benötigt. Dies ist schwer zu sagen, da jeder Säugling und jedes Kleinkind seine individuellen Schlafmuster und -bedürfnisse hat. Als äußerst nützlichen Maßstab dafür, dass sämtliche Bedürfnisse Ihres Kindes gestillt werden, möchten wir Ihnen das Muster »Essen, Spielen, Schlafen« empfehlen.

Ein Säugling benötigt zwischen zwei Mahlzeiten in der Regel mindestens eine Stunde Schlaf. Wacht Ihr Baby vor Ablauf einer Stunde auf, sollten Sie versuchen, es wieder zum Einschlafen zu bringen. Die Spielphase, die nach dem Schema »Essen, Spielen, Schlafen« dem Füttern folgt, umfasst Schmusen und andere Aktivitäten.

Mit zunehmendem Alter des Babys ist oftmals Folgendes zu beobachten:

- ✗ Es muss tagsüber seltener gestillt werden bzw. das Fläschchen bekommen.

- ✗ Die Zeitspanne zwischen den Mahlzeiten verlängert sich.

- ✗ Das Kind braucht zwischen zwei Mahlzeiten weiterhin Schlaf.

- ✗ Es will vor und/oder nach dem Füttern längere Zeit kommunizieren und spielen.

- ✗ Das Nachtschlafpensum nimmt zu.

- ✗ Nachts hält sich das Kind an das Muster »Essen, Schlafen«.

Das Schaubild auf Seite 36 veranschaulicht das (Tages-) Muster »Essen, Spielen, Schlafen«. Wie Sie aus ihm ersehen können, verlängern sich mit zunehmendem Alter die Zeitspannen zwischen den Schlafphasen; das Baby verbringt mehr Zeit im Wachzustand und spielt länger. Das Muster »Essen, Spielen, Schlafen« hat Gültigkeit, solange Ihr Kind noch einen Vor- und Nachmittagsschlaf benötigt. Die Begriffe essen, füttern und Mahlzeit meinen beim kleinen Säugling gestillt werden bzw. das Fläschchen bekommen, später auch festere Nahrung und andere Getränke als Milch.

 *Tom (er ist zehn Monate alt) schläft jetzt nachts in seinem Bettchen durch. Das ist hundertmal besser, als jede Nacht zehnmal aufstehen und nach ihm sehen zu müssen. Er ist jetzt ein viel glücklicheres Kind, das durch die Gegend krabbelt und uns auf ganz andere Weise auf den Beinen hält.*

Mandy

Ein gesunder Schlaf dauert wenigstens eine Stunde bzw. länger als ein Schlafzyklus. Viele Eltern sind überrascht, wenn sie erfahren, wie viel Schlaf Kinder benötigen – und glauben, dass ihr Kind nie so lange schlafen wird. Doch sobald sie mehr über den Schlaf wissen und die in diesem Buch erläuterte Methode anwenden, stellen sie fest, dass ihr Kind nicht nur sein Schlaf-, sondern auch sein Essmuster verbessert.

Tagesmuster: Essen – Spielen – Schlafen
Entwicklung im ersten Lebensjahr

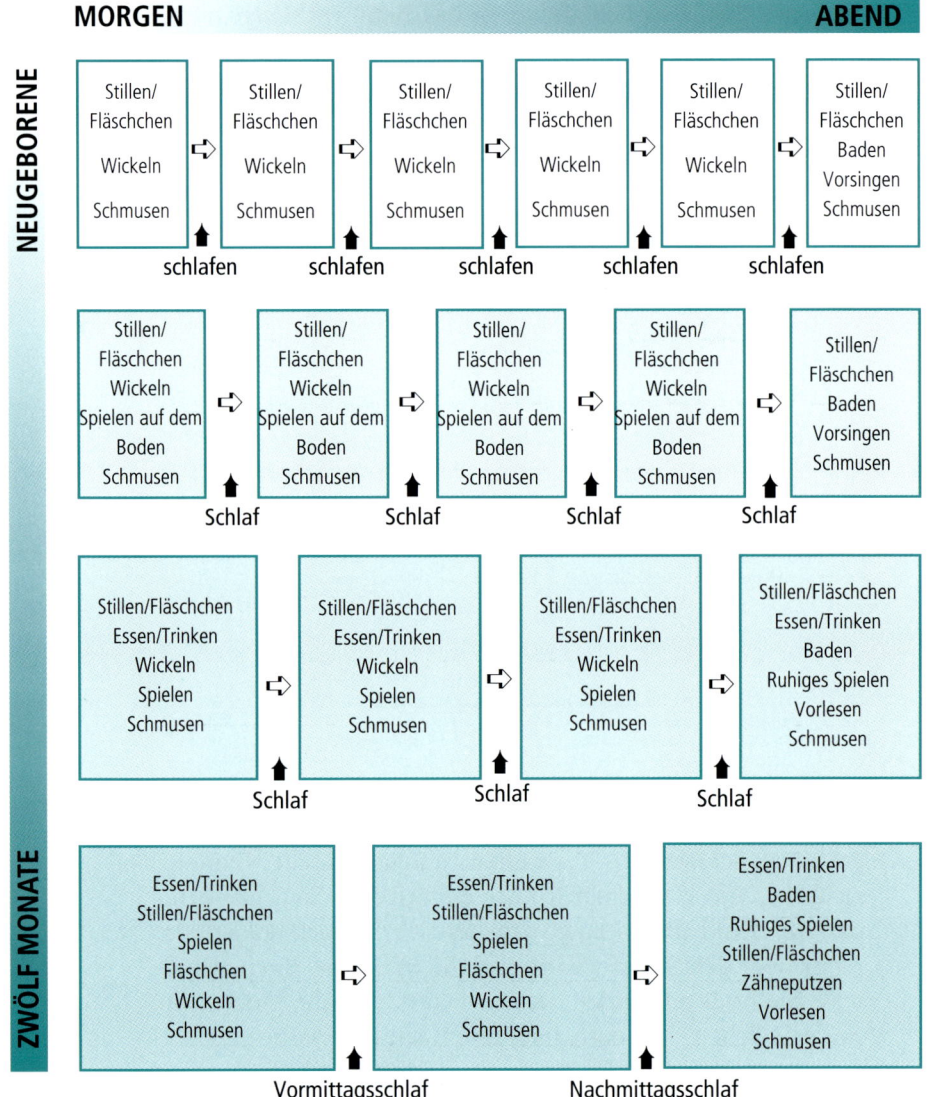

Nicht vergessen: Nachts gilt lediglich das Muster Essen + Schlafen
Wird das Baby älter, nimmt die Häufigkeit der Tagesmahlzeiten langsam ab und es bleibt tagsüber länger wach. Die Anzahl der Tagschlafphasen reduziert sich und das Kind schläft nachts allmählich immer länger.

Persönliche Notizen

_____

_____

_____

_____

_____

_____

_____

_____

_____

_____

_____

_____

_____

_____

_____

2

Ein bis sechs Monate alte Säuglinge

Allgemeines Schlafverhalten

Es ist normal, dass Säuglinge in den ersten Wochen ihres Lebens häufig gefüttert werden und schlafen wollen.

Manche Babys schlafen gut, nachdem sie liebkost und/oder gefüttert worden sind. Manchmal jedoch können solche Gewohnheiten Verwirrung stiften und zu Schlafstörungen führen. Wird das Kind zum Einschlafen gefüttert, erhält es nicht die Gelegenheit zu lernen, wie es sich allein zum Schlafen bringen kann, und es entsteht ein Teufelskreis, der sich schwer durchbrechen lässt. Vielleicht haben Sie festgestellt, dass Ihr Baby das Füttern vorzeitig abbricht, ständig gefüttert werden will und/oder sich ruhelos oder nervös verhält, wenn es nicht genügend Schlaf erhält. Für den Fall, dass Sie mit dem Schlafmuster oder sonstigen Verhalten Ihres Babys nicht zufrieden sind, finden Sie hier einige praktische Ratschläge und Leitlinien, die Ihnen vielleicht helfen. Denken Sie daran, dass die Bedürfnisse von Babys vorzüglich erfüllt werden, wenn das Muster »Essen, Spielen, Schlafen« eingehalten wird.

 Jacob (er ist zwölf Wochen alt) hat nun ein gesundes Ess- und Schlafmuster entwickelt. Er ist jetzt sehr viel glücklicher und mein Mann und ich sind es ebenfalls.

Linh

Über das Schreien und Weinen

Ein Baby begreift nicht, weshalb die Eltern das Muster ändern, durch das sie es bislang beruhigt und zum Schlafen gebracht haben. Ein Weg, seine Verstörtheit auszudrücken, besteht im Schreien und Weinen. Sobald es aber anzunehmen beginnt, was Sie ihm beibringen möchten, schreit es allmählich weniger und am Ende vielleicht gar nicht mehr.

Man versteht besser, warum ein Baby schreit, wenn man darüber nachdenkt, aus welchen Gründen uns Erwachsenen nach Weinen oder Schreien zu Mute ist. Dies ist zumeist der Fall, wenn wir körperlich oder emotional verletzt sind. Babys schreien aus vielen Gründen, zum Beispiel weil sie Hunger verspüren, müde sind oder sich unwohl fühlen. Und so manches Mal bleibt uns der Grund ein Rätsel. Gleich welchen Grund es hat: Das Schreien ihres Babys ertragen die meisten Eltern schwer.

Im Verlauf von dreißig Jahren haben Untersuchungen immer wieder bewiesen:

✗ Die Zeit, die ein Säugling pro Tag schreit, verlängert sich nach der Geburt kontinuierlich, um nach ungefähr sechs Wochen ihren Höhepunkt zu erreichen.

✗ Ein kleiner Säugling darf in einem Zeitraum von 24 Stunden getrost einmal bis zu drei Stunden schreien.

✗ Eine unruhige Phase pro Tag ist bei kleinen Säuglingen üblich. Sie kann zu jeder Uhrzeit auftreten, fällt aber leider oft mit der Abendzeit zusammen, in der viel zu erledigen ist und alle eigentlich ausspannen wollen.

✗ Im Alter von drei Monaten schreit ein Säugling absichtsvoller, um Eltern und Aufpassern spezielle Bedürfnisse zu signalisieren.

Schreit ein Baby, wenn es einschlafen soll, dann gewöhnlich bis zu einem gewissen Höhepunkt, den wir »Schreigipfel« nennen wollen. Diesem Schreigipfel folgen häufig weit kürzere, weniger intensive »Ausbrüche«. Daraufhin beginnt das Kind, sein Schreien einzustellen und zur Ruhe zu kommen. Eltern nimmt das Schreien ihres Babys vielfach so sehr mit, dass sie den Schreigipfel nicht abwarten. Und manchmal empfinden sie die Umstellung des Schlafverhaltens als zu kompliziert und kehren zum gewohnten Muster zurück. Es ist wichtig, dass Sie sich diese Information vor Augen halten. Spitzen Sie die Ohren und achten Sie auf den Verlauf der »Schreikurve« und etwaige Veränderungen des Schreimusters. Seien Sie sich bewusst, dass Sie eventuell Ihre »Schmerzgrenze« überschreiten müssen, um Ihr Vorhaben zum Ende zu führen.

Versuchen Sie, das Einschlafen und Schreien aus der Sicht Ihres Babys zu betrachten. Nehmen Sie es auf den Arm, wenn es sein Schreien verstärkt, so helfen Sie ihm damit nicht, allein einschlafen zu lernen. Klare, beständige Botschaften hingegen, die ihm Ihren Wunsch signalisieren, dass es schläft, unterstützen es bei diesem Lernprozess. Auch wenn es schreit und protestiert, so ist dies für Ihr Baby doch oft weniger traumatisch, als sich restlos zu erschöpfen und

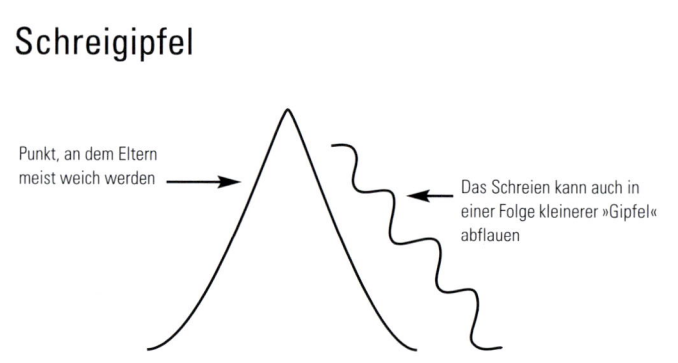

Schreigipfel

Punkt, an dem Eltern meist weich werden →

← Das Schreien kann auch in einer Folge kleinerer »Gipfel« abflauen

Das Baby wird seine Schreidauer verändern. Gewöhnlich erreicht es binnen fünf Minuten nach dem »Erweichen« der Eltern den Schreigipfel. Diesem setzt es kürzere, weniger intensive Ausbrüche nach, bis es sich beruhigt hat. Das »Schreigipfel-Prinzip« gilt nur für das erste Lebensjahr. Danach sind kleine Kinder in der Lage, über längere Zeiträume und ohne klar erkenntlichen Höhepunkt zu schreien.

sich die Laune zu verderben, weil es stundenlang kein Auge zutun kann. Versuchen Sie, sich nicht auf das Schreien zu konzentrieren, denn es hört auf. Konzentrieren Sie sich stattdessen darauf, Ihrem Kind klare Schlafbotschaften zu vermitteln.

Das »Schreigipfel-Schaubild« zeigt den Punkt, an dem das Schreien kulminiert. Wie erwähnt, werden Eltern häufig früher weich. In der Regel erreicht das Schreien seinen Gipfel fünf Minuten nach dem Punkt, an dem es sich verstärkt und die Eltern am liebsten nachgeben würden. Daraufhin folgen kürzere, weniger intensive Ausbrüche. Die Schreidauer – die Zeit vom Beginn des Schreiens bis zu dem Punkt, an dem sich das Baby beruhigt und entspannt – kann äußerst unterschiedlich ausfallen. Überlegen Sie sich Strategien, die Ihnen helfen, ruhig und entschlossen zu bleiben, wenn Sie das Schreien als unerträglich empfinden und das Gefühl haben, den Lernprozess unterbrechen zu müssen.

Babys können sich selbst in den Schlaf lullen, doch zuweilen müssen die Eltern ihnen dies erst beibringen. Indem Sie Ihrem Baby auf die beschriebene Weise über den Schreigipfel hinweg helfen und ihm tröstliche Schlafbotschaften übermitteln, lernt es, sich ohne die Hilfe anderer zu beruhigen und einzuschlummern.

Ehe Sie diese Veränderung, ob allein oder mit Ihrem Partner, herbeiführen, sollten Sie sich überlegen, wie Sie sich in der Zeit der Umstellung bei der Stange halten können. Einige Vorschläge für die Hilfe zur Selbsthilfe finden Sie auf Seite 55. Oftmals genügt es bereits, sich die Situation und das Schreimuster bewusst zu machen.

Müdigkeitsanzeichen

Ehe wir Ihnen unsere Methode im Einzelnen erklären, möchten wir Ihnen einen sehr wichtigen Ratschlag geben: Achten Sie auf die Hinweise, durch die Ihr Baby Ihnen kundtut, dass es müde ist. Zu diesen Anzeichen zählen:

- ✗ Veränderungen des Gesichtsausdrucks
- ✗ Grimassenschneiden
- ✗ Stirnrunzeln
- ✗ Saugen
- ✗ Daumenlutschen
- ✗ Ruckartige Bewegungen
- ✗ Gähnen
- ✗ Reduzierte Bewegungen und Aktivität
- ✗ Quengeligkeit
- ✗ Geballte Fäuste
- ✗ Schreien und Weinen
- ✗ Starrer Blick
- ✗ Steife Glieder

Es mag eine kleine Weile dauern, um zu erkennen, dass diese und/oder andere Symptome Müdigkeit anzeigen, denn Fehlinterpretationen liegen nahe. Bewegt zum Beispiel ein Baby ruckartig die Beine, nehmen wir nur zu gern an, dass es aus Freude an der Bewegung strampelt – während es in Wahrheit ankündigt, dass es müde ist.

Es ist wichtig, dass Sie zeitig auf die Müdigkeitsanzeichen reagieren, wenn Sie das Schlafverhalten Ihres Kindes verbessern wollen. Beginnen Sie, es zu Bett zu bringen, sobald Sie mehrere dieser Symptome bemerken.

Je müder Ihr Baby, desto unruhiger und unerklärlicher wird es sich vermutlich verhalten und desto schlechter »zu haben« sein. Ein übermüdetes Kind lässt sich schwerer beruhigen und zum Einschlafen bringen.

Ruhephase zum Abregen

Es tut Ihrem Baby sehr gut, wenn es sich abregen und auspendeln kann, bevor es schlafen gelegt wird. Eine solche Phase der Ruhe hilft ihm, zu entspannen und zu verstehen, dass es Schlafenszeit ist. Sie leitet den Beruhigungs- und Einschlafprozess ein. Sie bildet Teil des Zubettgeh-Rituals, das Ihr Baby mit dem Schlafen assoziieren wird. Sie ist ein positives, deutliches Signal, das Ihrem Baby verkündet: Bald geht's ins Bett! Diese Ruhephase kann ganz einfach darin bestehen, dass Sie mit Ihrem Kind schmusen, sanft mit ihm reden oder ihm leise vorsingen. In dieser Zeit können Sie gemeinsam mit Ihrem Baby entspannen, ehe Sie es schlafen legen.

Diese Ruhezeit schiebt einen Keil zwischen die Hektik der Außenwelt und die friedvolle Geborgenheit des Betts. Sie muss nicht länger als einige Minuten dauern. Sorgen Sie für eine möglichst stimulationsfreie Raumatmosphäre und sprechen Sie in leisem, ruhigem Tonfall.

Einwickeln oder zudecken?

Es ist durchaus normal, dass sich kleine Säuglinge ruckartig bewegen, wenn sie sich im REM-Schlaf befinden. Dies tun sie auch bei der unwillkürlichen Schreckreaktion, die bis zum Alter von drei bis vier Monaten vorkommt.

Das Einwickeln in eine Decke oder ein Tuch ist eine altbekannte Methode zum Beruhigen von Säuglingen. Nach Ansicht von Befürwortern vermittelt dies dem Baby das Gefühl von Geborgenheit und reduziert die Gefahr von Schlafunterbrechungen infolge ruckhafter Bewegungen. In der Regel beruhigen sich Säuglinge allerdings auch, wenn sie nicht eingewickelt werden – es dauert bloß etwas länger.

Wenn Sie Ihr Baby nicht einwickeln

Decken Sie das Baby zu und stecken Sie die Bettdecke gut fest. Achten Sie darauf, dass das Kind Bewegungsfreiheit hat und seine Ärmchen seitwärts und über den Kopf strecken kann. Stellen Sie, ehe Sie es ins Bettchen legen, sicher, dass Ihr Kind es behaglich hat, zum Beispiel indem Sie:

- ✗ sein Bett bereiten,

- ✗ es frisch wickeln,

- ✗ es nicht zu dick anziehen, damit ihm nicht zu heiß wird,

- ✗ überflüssiges Spielzeug aus seinem Bettchen entfernen,

- ✗ den Raum abdunkeln, damit es möglichst wenig abgelenkt wird.

Wenn Sie Ihr Baby zum Schlafen einwickeln

Möchten Sie Ihr Baby zum Schlafen in ein Tuch oder eine Decke wickeln, dann sollten Sie dies nicht so fest tun, dass es die Arme nicht bewegen und die Hände nicht zum Mund führen kann. Lockeres Einwickeln erlaubt eine gewisse Bewegungsfreiheit, die besonders wichtig ist, wenn das Kind beginnt, sich herumzudrehen: Um frei atmen zu können, muss es ihm möglich sein, Arme und Kopf zu bewegen.

Das Einwickeln empfiehlt sich nicht, wenn das Baby älter als vier Monate ist. Hüllen Sie es zunehmend locker ein, wenn es sich dieser Altersgrenze nähert, oder lassen Sie seine Arme frei. Decken Sie es schließlich, statt es einzuwickeln, lediglich wie beschrieben mit einer Bettdecke zu.

Bei sehr warmem Wetter kann es ratsam sein, das Baby weder einzuwickeln noch zuzudecken.

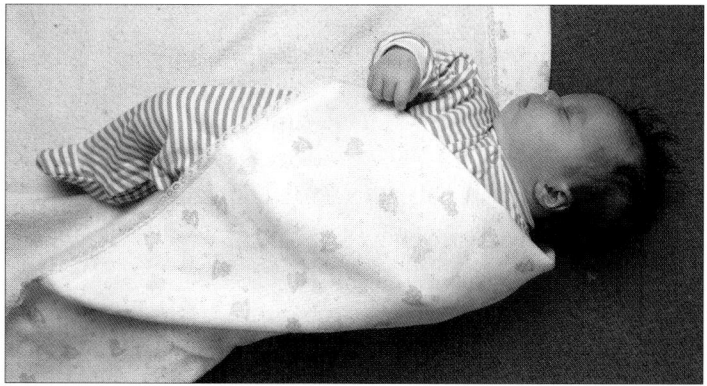

Einwickeln: Schritt 1

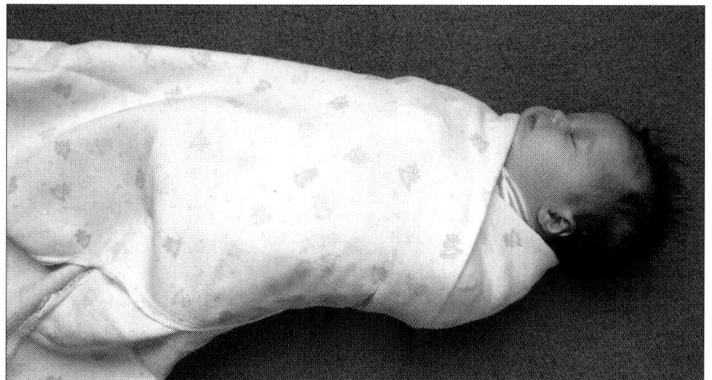

Einwickeln: Schritt 2

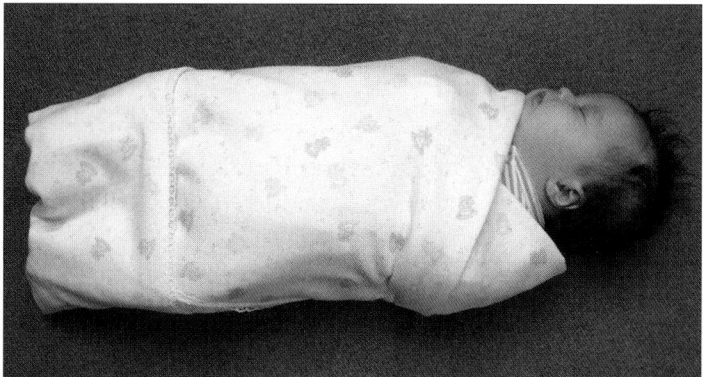

Einwickeln: Schritt 3

Die beste Schlaflage

Haben Sie alle Vorbereitung zum Schlafen getroffen, bringen Sie Ihr Baby noch wach in sein Bettchen. Legen Sie es (wie Experten zum Vorbeugen vor dem Plötzlichen Kindstod empfehlen) auf den Rücken, wünschen Sie ihm eine gute Nacht und verlassen Sie den Raum.

Geben Sie Ihrem Baby die Möglichkeit, allein einzuschlafen. Falls es weint oder schreit, sollten Sie 20 bis 30 Sekunden warten, ehe Sie in das Zimmer zurückkehren. Dann können Sie es auf die Seite drehen und eine oder mehrere Beruhigungstechniken (siehe S. 49ff) anwenden.

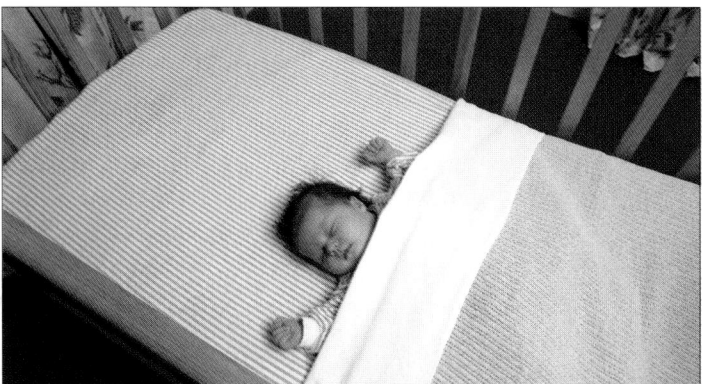

Schlaflage im Bett mit den Händen über der Decke

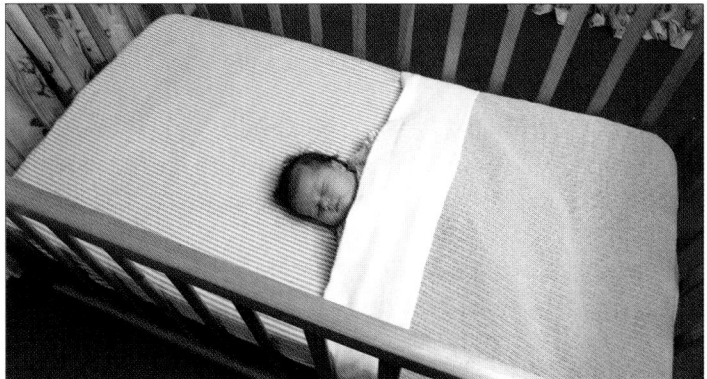

Schlaflage im Bett mit den Händen unter der Decke

Das Liegen auf der Seite ist eine auf das Einschlafen beschränkte Hilfsmaßnahme. Sobald Ihr Baby fest schläft, drehen Sie es sacht wieder auf den Rücken. Am Ende wird es allein einschlafen können, wenn Sie es wach und auf dem Rücken schlafen legen.

Für welche der im Folgenden erläuterten Beruhigungstechniken Sie sich entscheiden, dies hängt von Ihnen, Ihrem Zeitbudget, Ihrer persönlichen Vorliebe und der Reaktion Ihres Babys ab.

Beruhigungstechniken

Hat Ihr Baby sich freigestrampelt und Sie wollen es wieder richtig zudecken oder einwickeln, sollten Sie, um es nicht weiter zu stimulieren, Augenkontakt und Kommunikation weitgehend vermeiden. Dies ist nicht die Zeit zum süßen Austauschen von Lächeln! Vielmehr zum Vermitteln der klaren Botschaft: Jetzt wird geschlafen.

Sie können mit einer »handgreiflichen« Technik beginnen. Legen Sie mit sanftem, aber sicherem Griff eine Hand auf die Schulter Ihres Babys. Klapsen Sie mit der hohlen anderen Hand sacht und langsam auf Po oder Oberschenkel. (Machen Sie die Hand hohl, indem Sie die Finger eng zusammenlegen und krümmen, als wollten Sie Wasser aus einem Eimer schöpfen; dadurch klapsen Sie kontrolliert und nicht zu fest.) Das Klapsen sollte so rhythmisch wie möglich erfolgen; vielleicht hilft es Ihnen, wenn Sie dabei zählen, sich im Geiste oder Ihrem Kind leise ein Lied vorsingen.

Sie können auch mit beiden Händen klapsen: mit der einen Hand auf Po oder Oberschenkel, mit der anderen auf die Schulter. Klapsen Sie in rhythmischem Wechsel. Zum Einfinden können Sie einen beruhigenden Kinderreim oder ein Liedchen singen. Klapsen Sie langsamer, wenn Ihr Baby beginnt, sich zu beruhigen und zu entspannen. Verstummt es, können Sie die Hände einige Sekunden unbewegt ruhen lassen, ehe Sie sie vom Körper des Kindes lösen. Gehen Sie aus dem Raum, wenn das Baby ruhig und still, aber noch nicht eingeschlafen ist. Dies gehört zu dem Prozess, durch den Ihr Kind lernt, allein einzuschlafen.

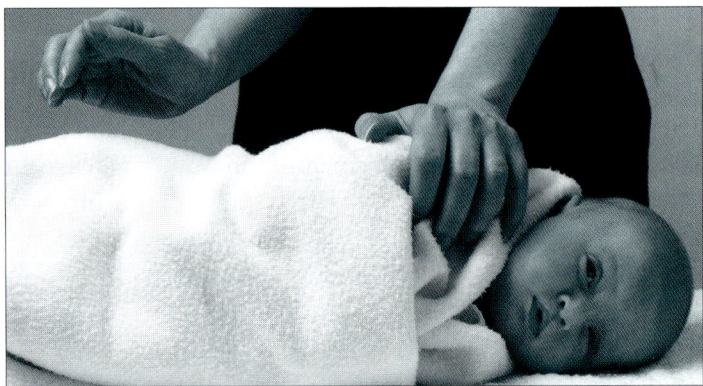

Klapsen mit einer hohlen Hand

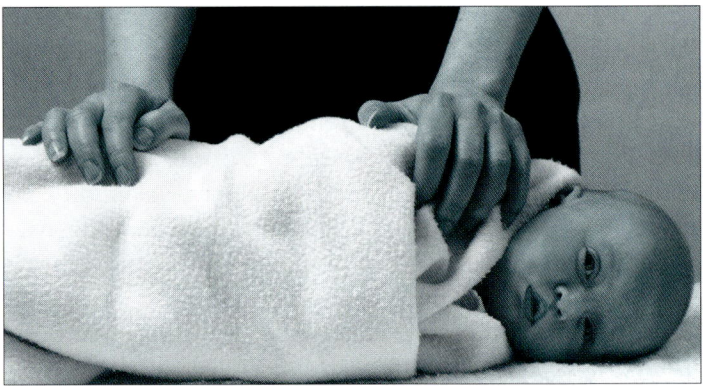

Sanftes Schaukeln (siehe S. 51)

Zu den weiteren Techniken, mit denen Sie Ihr Baby vor dem Einschlafen beruhigen und trösten können, zählen:

✗ sachtes Streicheln der Stirn,

✗ besänftigende Musik oder Vorsingen,

✗ behutsames Schaukeln,

✗ sanftes und langsames Streichen über den Rücken,

✗ ruhiges Auflegen der Hände auf Schulter und Po.

Beim beschwichtigenden Schaukeln legen Sie dem Baby eine Hand auf die Schulter, die andere auf die Hüfte und rollen es in seinem Bettchen oder Körbchen sanft vor und zurück. Schaukeln Sie es nicht zu schnell und nicht abgehackt. Sprechen Sie möglichst wenig. Leises Wiederholen von beruhigenden Formeln wie »ein-schla-fen, ein-schla-fen« kann Ihnen beiden helfen, sich zu entspannen, und verstärkt die Eindeutigkeit der Schlafbotschaft.

Benutzen Sie die Beruhigungstechniken, damit Ihr Baby sich geborgen, behaglich und entspannt fühlt. Aber: Lassen Sie es allein, wenn es noch wach ist, damit es lernt, ohne fremde Hilfe einzuschlafen. Das Ziel Ihres Vorhabens besteht darin, Schlafassoziationen zu vermitteln und Bedingungen zu schaffen, die weiterhin vorhanden sind, wenn Ihr Baby zwischen Schlafzyklen erwacht, und ihm ermöglichen, sich allein wieder zu beruhigen und einzuschlafen.

Haben Sie eine Beruhigungstechnik länger als fünf Minuten angewandt und Ihr Baby weint oder schreit dennoch heftig, dann gehen Sie zu einer anderen Technik über. Jammert Ihr Kind weiter und reagiert nicht positiv, nachdem Sie (ungefähr 15 bis 20 Minuten lang) zwei bis drei Beruhigungstechniken ausprobiert haben, sollten Sie sich und Ihrem Kind eine Pause gönnen. Liebkosen Sie das Baby und füttern Sie es nötigenfalls oder spielen Sie geruhsam ein Weilchen auf dem Boden; versuchen Sie aufs Neue, es zur Ruhe zu bringen, sobald Sie seine charakteristischen »Müdigkeitsanzeichen« erkennen.

Schläft Ihr Baby ein, um nach weniger als einer Stunde aufzuwachen, sollten Sie es abermals mithilfe der beschriebenen Techniken beruhigen. Wird es wach und weint oder schreit, schauen Sie nach ihm; bleiben Sie dabei ruhig, sprechen Sie in besänftigendem Tonfall, richten Sie sein Bettzeug oder wickeln Sie es wieder richtig ein und beschwichtigen Sie es erneut durch Klapsen.

Den Ablauf des Beruhigungsprozesses bei ein bis sechs Monate alten Säuglingen beschreibt das Diagramm auf der nächsten Seite.

Diagramm: Beruhigungsablauf
Bei ein bis sechs Monate alten Säuglingen

Anmerkung: *Wenden Sie bei jedem Beruhigungsversuch nicht mehr als zwei bis drei Techniken für jeweils circa fünf Minuten an.*

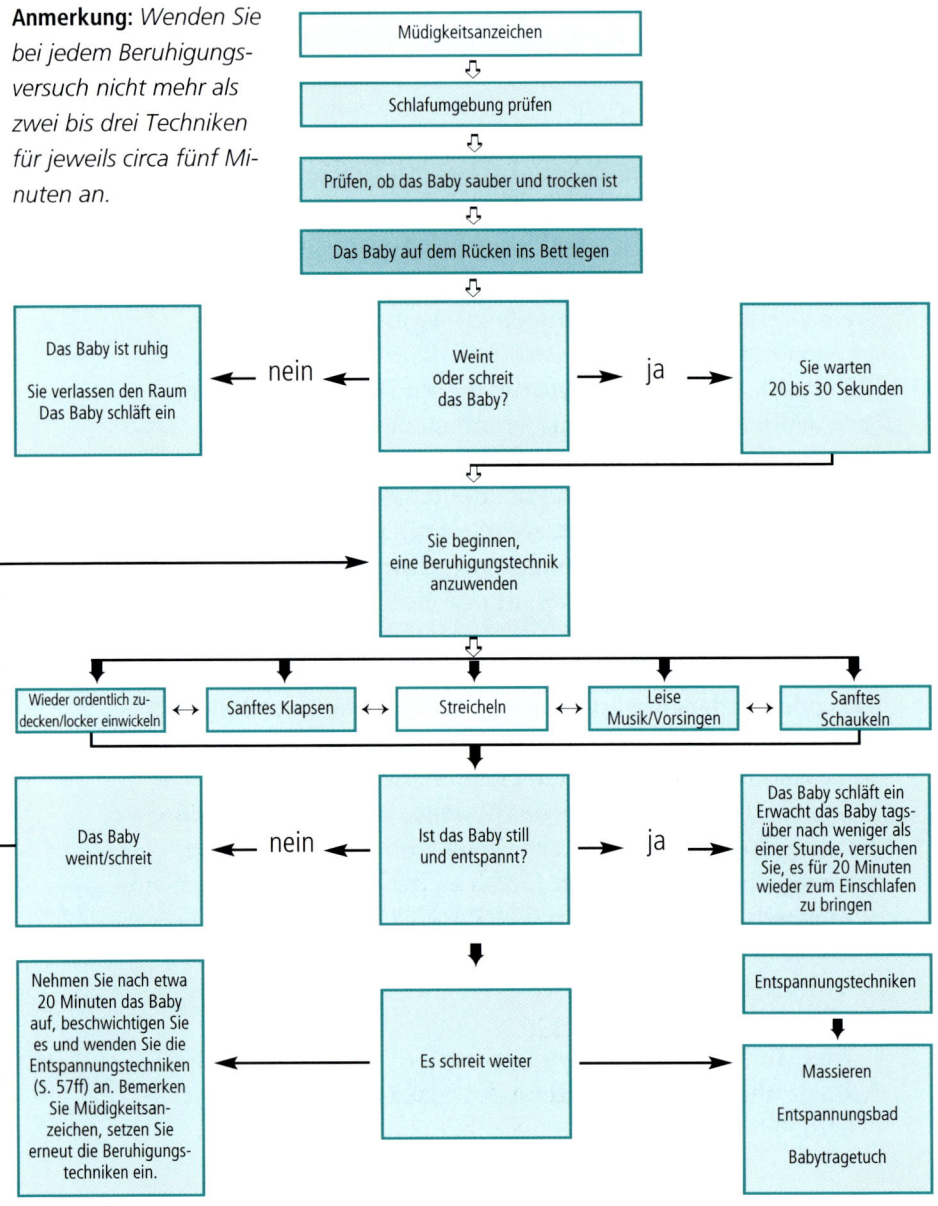

Schlafvorboten

Achten Sie, während Sie die Beruhigungstechniken anwenden, auf Anzeichen, die ankündigen, dass Ihr Baby bald einschlummert. Sobald Sie diese bemerken, sollten Sie sich zurückziehen und Ihr Kind allein einschlafen lassen. Halten Sie Augen und Ohren offen für folgende und ähnliche Schlafvorboten:

✗ Das Kind entspannt seinen Körper,

✗ seine Augenlider flattern,

✗ sein Weinen und Schreien verändert sich,

✗ es schluchzt und seufzt,

✗ es grummelt und stöhnt melodisch.

Unsere Beruhigungstechniken wollen bewirken, dass sich Ihr Baby entspannt und beruhigt, ohne dazu von Ihnen abhängig zu sein. Sie sind nicht dazu da, Ihr Baby zum Einschlafen zu bringen; damit schaffen Sie lediglich eine ungute Schlafassoziation. Reduzieren Sie vielmehr kontinuierlich Ihren Einsatz. So ermöglichen Sie Ihrem Kind, ohne Ihr Zutun Schlaf zu finden. Nochmals: Geeignet sind die in diesem Kapitel beschriebenen Techniken für Säuglinge im Alter von ein bis sechs Monaten.

Da nun einmal alle Babys und Eltern verschieden sind, ist es wichtig, dass Sie unsere Methode Ihren Bedürfnissen anpassen. Berücksichtigen Sie Temperament, Gesundheitszustand und Entwicklungsstufe Ihres Kindes. Wenn Sie glauben, bei Ihrem Vorhaben Beistand zu benötigen, sollten Sie mit jemandem darüber sprechen. Bleiben Sie unbedingt konsequent, denn Babys lernen durch Wiederholen.

Wichtige Hinweise

✗ Machen Sie sich an das Verändern des Schlafverhaltens, wenn Sie wissen, dass Sie andere Vorhaben hintanstellen und sich auf Ihr Baby und sich selbst konzentrieren können.

✗ Packen Sie das Programm an, wenn Sie wissen, dass Sie es zu Ende bringen können.

✗ Verhelfen Sie Ihrem Baby zu einem besseren Schlafmuster, wenn es gesund ist.

✗ Achten Sie auf Müdigkeitsanzeichen.

✗ Legen Sie, ehe Sie Ihr Baby zu Bett bringen, eine Ruhephase zum Abregen ein.

✗ Legen Sie Ihr Baby wach in sein Bettchen.

✗ Benutzen Sie Beruhigungstechniken nur, um Ihr Baby zur Ruhe, nicht aber, um es zum Einschlafen zu bringen.

✗ Erinnern Sie sich an die »Schreikurve« und den »Schreigipfel«, um das Schreien Ihres Babys richtig zu deuten.

✗ Setzen Sie sich mindestens eine Stunde Schlaf zwischen zwei Mahlzeiten zum Ziel – das gilt für Ihr Baby, kann aber auch Ihnen nicht schaden!

✗ Bringen Sie Ihr Baby erneut zur Ruhe, wenn es weniger als eine Stunde geschlafen hat.

✗ Wenn Sie es gewohnt sind, dass Ihr Baby viel wach ist, kann es Sie emotional irritieren, öfter allein zu sein. Überlegen Sie sich, wie Sie die gewonnene Zeit gern nutzen würden.

✗ Für Ihr Baby besteht der langfristige Vorteil darin, dass es allein zur Ruhe kommt und Schlaf findet. Sie können ihm dies beibringen.

✗ Haben Sie in Augenblicken, in denen Ihr Baby sich einfach nicht beruhigt und (wieder) einschläft, kein schlechtes Gewissen und halten Sie die aufgebrachte Mühe nicht für vergebens. Das Wiederholen der Beruhigungstechniken bewährt sich und Ihr Kind wird schließlich lernen, allein einzuschlafen.

✗ Beglückwünschen und belohnen Sie sich!

✗ Sie schaffen es!

Hilfe zur Selbsthilfe

Einem Baby zu helfen, dass es sein Schlafmuster verändert, ist nicht unbedingt ein simples Unterfangen. Manchmal fallen Veränderungen ziemlich schwer. Selbst wenn man sich noch so sehr ein besseres Schlafmuster wünscht, können einem neue Ansichten und Konzepte innerlich fremd bleiben, sodass es einfacher erscheint, zur alten Gewohnheit zurückzukehren.

Trotzdem: Allein der Gedanke an eine Veränderung bedeutet, dass Sie es bereits halb geschafft haben. Und nochmals: Unsere Methode hat sich als äußerst erfolgreich erwiesen und die zusätzliche Energie, die Sie aufbringen müssen, um das Schlafverhalten Ihres Kindes zu ändern, wird sich für Sie, Ihr Kind und Ihre Familie auszahlen.

Betrachten Sie das Beruhigen als eine »Aufgabe«, die Sie sich vorgenommen haben. Ziehen Sie, wenn Ihr Einsatz mitten in der Nacht gefragt ist, einen Bademantel an, damit Sie es warm und bequem haben. Halten Sie sich vor Augen, dass Sie Ihrem Baby etwas beibringen und Sie sich dabei wohl fühlen wollen.

Vielleicht hilft es Ihnen, Ihre Gedanken zu zerstreuen, während Sie Ihr Baby zu beruhigen versuchen. Ablenken können Sie sich, indem Sie zum Beispiel:

- ✗ per Kopfhörer Radio hören,
- ✗ Atem- oder andere Entspannungsübungen durchführen,
- ✗ ein neues Lied zum Vorsingen lernen.

Womöglich kennen Sie Entspannungsmethoden, die Sie bereits mit Erfolg bei anderen Gelegenheiten eingesetzt haben und nun wieder anwenden könnten. Wir möchten Ihnen auf jeden Fall Folgendes raten:

- ✗ Sichern Sie sich für Ihr Vorhaben rechtzeitig Unterstützung.
- ✗ Sprechen Sie mit jemandem über Ihre Gefühle.
- ✗ Belohnen Sie sich für jeden erzielten Fortschritt.

Passen Sie gut auf sich auf

So wie Erwachsene, so sind schon Babys Individuen und reagieren daher unterschiedlich auf Veränderungen. Die Erfahrung hat gezeigt, dass die Anstrengung, ein neues Schlafmuster zu etablieren, selten nicht fruchtet. Bleiben Sie also am Ball! Natürlich mag Ihnen das Durchhalten an manchen Tagen und Nächten extrem schwer fallen, sodass Sie eine kleine Auszeit benötigen. Sie dürfen die Methode modifizieren, sollten jedoch an ihren Grundsätzen nicht rütteln. Wenn Sie möchten, können Sie der Zeit, die Sie mit dem Beruhigen Ihres Babys zubringen, eine feste Grenze setzen. Das Vorhaben, das Schlafverhalten Ihres Kindes zu verbessern, muss unbedingt für Sie machbar sein. Bedenken Sie jedoch, dass Modifikationen den Prozess verlangsamen können. Das mag allerdings besser sein, als die Flinte ins Korn zu werfen.

Strengt das Programm Sie in der Praxis zu sehr an oder macht Ihnen ein ungutes Gefühl, dann brechen Sie es ab. Dies ist für die gesamte Familie wichtig. Vielleicht kann Ihr Partner oder ein Freund Sie ablösen. Oder Sie gelangen zu dem Schluss, dass dies kein günstiger Zeitpunkt für Veränderungen in Ihrem Leben ist. Oder Sie entdecken, dass Sie für das Durchführen des Programms mehr Rückendeckung benötigen. Wie auch immer, nichts davon besagt, dass Sie »schlechte« Eltern sind. Begreifen Sie es vielmehr als konstruktive Winke mit dem Zaunpfahl darauf, dass Sie sich mehr um sich kümmern und in der Lage sein müssen, Ihre Grenzen zu erkennen. Das ist für Leib und Seele weit gesünder, als sich zu ärgern oder sich oder das Kind zu strafen.

Wichtig ist es ebenfalls, dass Sie sowohl Ihr Baby als auch sich selbst loben. Sagen Sie Ihrem Kind, dass es große Fortschritte macht und Sie auf es stolz sind. Vergessen Sie auf keinen Fall, dies auch sich selbst zu sagen!

Rechnen Sie damit, dass das Getrenntsein von Ihrem Baby bzw. das längere Alleinsein Sie auf ungeahnte Weise emotional irritiert. Diese Gefahr besteht vor allem dann, wenn Sie sich daran gewöhnt haben, lange mit Ihrem Baby zusammen zu sein und zu schmusen, damit es endlich einschläft. Überlegen Sie sich, wie Sie die Zeit, die Sie durch den seligen Schlaf Ihres Kindes gewinnen, ausfüllen möchten. Und halten Sie sich vor Augen, dass Ihr Baby, wenn es genügend Schlaf bekommt, in den Stunden des Wachseins bestimmt ausgeglichener und fröhlicher sein wird, sodass Sie das Miteinander noch mehr genießen werden.

Entspannungshilfen für das Baby

Babymassage

Von den vielen Vorzügen der Babymassage seien hier nur einige wenige genannt:

- ✗ Babymassage entspannt das Kind, wenn es unruhig ist.

- ✗ Sie ermöglicht dem Baby, Hautkontakt genießen zu lernen. Manche Säuglinge reagieren verschreckt, wenn man ihre nackte Haut berührt; Massage hilft diese Angst abbauen.

- ✗ Sie gibt Eltern und Pflegepersonen Gelegenheit, sich in Ruhe mit dem Kind zu befassen und an ihm zu erfreuen.

VORBEREITUNGEN

Wählen Sie eine Zeit, die Ihnen genehm ist; für das Baby ist eine halbe Stunde nach dem Füttern ein guter Zeitpunkt. Stellen Sie gegebenenfalls den Anrufbeantworter an oder legen Sie den Telefonhörer neben die Gabel, damit niemand Sie stört. Nehmen Sie sich 15 bis 20 Minuten Zeit.

Legen Sie die benötigten Utensilien zurecht:

- ✗ Handtuch
- ✗ Babykleidung
- ✗ Windel

✗ Öl (Benutzen Sie Speise-, nicht Babyöl. Die im Handel erhältlichen Massage-Duftöle sind für Babys ebenfalls nicht zu empfehlen; mit allerhöchster Wahrscheinlichkeit gelangt etwas Öl in den Mund, etwa wenn das Baby an seiner Haut leckt. Wählen Sie also ein gutes Sonnenblumen- oder anderes Speiseöl, das im Gegensatz zu Hautölen keine Duftstoffe und andere chemische Zusätze enthält.)

✗ Sorgen Sie für angenehm warme Raumtemperatur.

MASSAGETIPPS

✗ Setzen Sie sich bequem hin. Ziehen Sie Ihr Baby vollständig aus und legen Sie es auf ein Handtuch. Legen Sie es auf den Rücken, damit Sie es anblicken können, während Sie mit ihm reden. Sprechen Sie ihm beschwichtigend zu und sagen Sie ihm, was Sie tun.

✗ Gießen Sie etwas Öl in Ihre Hand und reiben Sie sich die Hände, damit sie warm werden. Massieren Sie nun das Baby mit sanften und

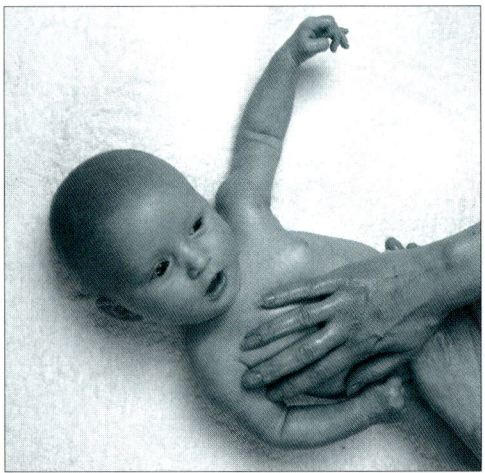

Sanfte Massage

zugleich festen Streichbewegungen. Zu geringer Druck kann als Kitzeln ankommen!

✗ Zerbrechen Sie sich nicht darüber den Kopf, welche Körperpartie Sie als erste massieren sollen. Finden Sie durch Ausprobieren heraus, was Ihr Baby mag. Vergessen Sie nicht, Gesicht, Arme und Hände, Beine und Füße in die Massage einzubeziehen.

✗ Das Massieren sollte Ihr Kind entspannen und ihm gefallen. Wird es nervös oder fröstelt, dann beenden Sie die Massage. Sie können Ihr Baby beliebig oft massieren.

✗ Beim Massieren zieht das Öl größtenteils in die Haut des Babys ein und wirkt so wie eine fettende Feuchtigkeitscreme. Danach ist kein Bad nötig, aber vielleicht gefällt Ihrem Baby zum Abschluss ein Entspannungsbad.

✗ Für Babymassagen gibt es keine Altersgrenzen. Schon wenige Tage alte Säuglinge darf man massieren. Ältere Kinder genießen ebenfalls den engen Kontakt und die innige Kommunikation, reagieren aber mitunter kitzliger.

Entspannungsbad

✗ Ein Entspannungsbad hilft ein nervöses, angespanntes Baby beruhigen. Es eignet sich besonders für Neugeborene und ein bis vier Monate alte Säuglinge, aber auch Erwachsene schätzen bekanntlich die entspannende Wirkung eines Bads …

✗ Es fördert die Interaktion und intensiviert die Bindung zwischen Eltern oder Pflegeperson und dem Baby.

✗ Es bereitet sowohl dem Baby als auch Eltern und Babysittern Freude.

Badetipps

Legen Sie die benötigten Utensilien zurecht.

- ✗ Handtücher

- ✗ Wickeldecke

- ✗ Babykleidung

- ✗ Windel

- ✗ Badeöl, Seife usw. (nur, wenn Sie das Baby zugleich waschen möchten). Die Wanne sollte tief und breit genug sein, damit Ihr Baby sich ungehindert bewegen und die Wirkung des Treibens im sanft schwappenden Wasser spüren kann. Füllen Sie eine normale Badewanne zu drei Vierteln oder eine Babywanne so voll wie möglich. (Versuchen Sie nicht, eine gefüllte Babywanne zu tragen – damit handeln Sie sich lediglich Rückenbeschwerden ein!)

Die Badetemperatur sollte auch Ihnen angenehm sein (circa 38° C). Testen Sie sie mit einer Hand: Das Wasser sollte sich an der Innenseite des Handgelenks wohlig warm anfühlen. Drehen Sie beide Wasserhähne gut zu, ehe Sie Ihr Baby in die Wanne tauchen. Halten Sie es dabei auf übliche Weise fest, seinen Hinterkopf mit der Innenseite Ihres Handgelenks stützend.

Am besten scheinen Babys sich in der Bauchlage zu entspannen. Es macht nichts, wenn Sie nicht wagen, Ihr Baby im Wasser vom Rücken auf den Bauch zu wenden: Die meisten Babys entspannen sich auf dem Rücken kaum weniger gut. Am wichtigsten ist, dass Sie sich sicher fühlen. Dann fühlt auch Ihr Baby sich im Wasser sicher und geborgen, dehnt und streckt sich, erforscht das nasse Element und entspannt sich.

Bedenken Sie, wenn Sie das Kind im Wasser umdrehen, dass sein Körper schlüpfrig ist und Ihren Händen leicht entgleiten kann. Gehen Sie daher ruhig und vorsichtig vor.

Achten Sie darauf, dass das Gesicht des Babys trocken bleibt. Ihr Kind mag das Bad still und entspannt genießen oder seine nasse Umgebung mit langsamen, ausholenden Armbewegungen und Fußstößen erkunden. Vielleicht wird es sogar einschlafen.

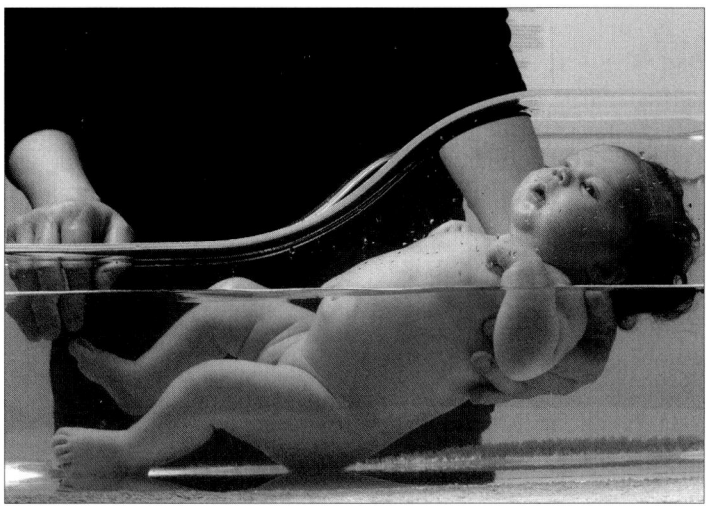

Entspannungsbad in Rückenlage

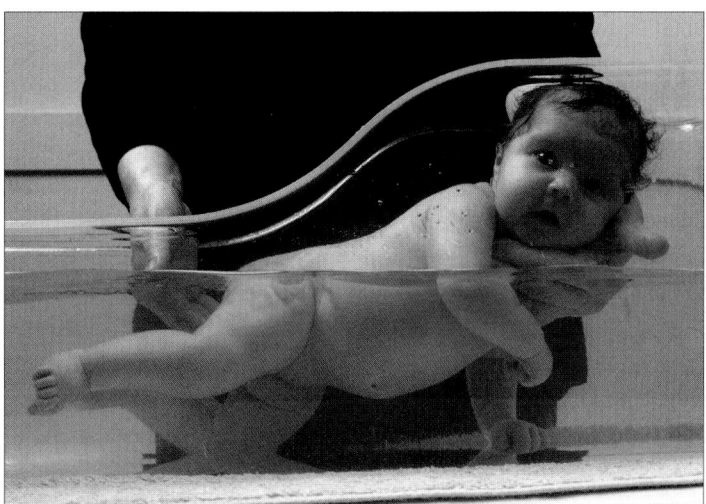

Entspannungsbad in Bauchlage

Sprechen Sie dem Baby während des Badens beschwichtigend zu, damit es sich gut aufgehoben fühlt. Sie können es so lange im Wasser lassen, wie es Ihnen beiden behagt. Nehmen Sie es aus der Wanne, sobald es zu frösteln beginnt oder unruhig wird. Entspannungsbäder können Sie Ihrem Baby so oft gönnen, wie es Ihnen gefällt und nötig erscheint.

Badet Ihr Baby bäuchlings, dann fassen Sie unter seinen Bauch und stützen Sie den Kopf ab, um es aus dem Wasser zu heben. Oder Sie drehen es im Wasser auf den Rücken und nehmen es auf die übliche Weise hoch.

Viele Eltern genießen es, zusammen mit dem Kind, ob Säugling oder Kleinkind, in die Badewanne zu steigen.

Zusammenfassung

Wenn Eltern konsequent Beruhigungstechniken anwenden, die der Entwicklungsstufe des Babys entsprechen, werden sie bereits am Ende der ersten Woche eine beachtliche Verbesserung des Schlafmusters verzeichnen. Erinnern Sie sich allerdings stets daran, dass ein noch größerer Fortschritt etwas länger – manchmal bis zu drei Wochen – auf sich warten lassen kann. Schließlich braucht es Zeit, um eingefahrene Verhaltensweisen zu verändern.

Oft bemerken Eltern auch in anderen Bereichen positive Veränderungen im Verhalten ihres Babys. Unter anderem sind viele Babys während der Wachphasen ausgeglichener, entwickeln bessere Essgewohnheiten und erweisen sich als insgesamt umgänglicher.

Krankheiten und Veränderungen der Familiensituation können bewirken, dass Ihr Baby zum gestörten Schlafmuster zurückkehrt; zuweilen liegt kein ersichtlicher Grund für die Veränderung des Schlafverhaltens vor. In der Regel wird Ihr Baby sehr schnell positiv reagieren, wenn Sie erneut die Beruhigungstechniken einsetzen.

Die vorgestellten Beruhigungstechniken haben sich als äußerst wirkungsvoll herausgestellt. Ihr persönlicher Erfolg hängt freilich von Ihrer Motivation und Beharrlichkeit ab.

Das Schlafmuster eines Babys zu verändern, dies ist sicherlich kein leichtes Unterfangen, erweist sich aber als positive Investition von Zeit und Energie, die allen Betroffenen ermöglicht, am Tag zu verschnaufen und in der Nacht friedlicher zu schlafen.

Was tun, wenn? Häufige Fragen von Eltern

Soll ich meinem Baby einen Schnuller geben?
Ob Sie Ihrem Baby einen Schnuller geben oder nicht, bleibt Ihrer persönlichen Entscheidung überlassen. Wenn es nicht bereits einen Schnuller benutzt, besteht kein Anlass, es daran zu gewöhnen. Manchmal scheint das Schlafproblem daran zu liegen, dass das Baby den Schnuller verliert: Das Saugen am Schnuller hat sich zu einer Schlafassoziation entwickelt und das Baby ist auf jemanden angewiesen, der ihm den Schnuller in den Mund steckt, damit es wieder einschlafen kann.

Beruhigungstechniken, die mit den Händen arbeiten, machen mein Baby noch nervöser. Was soll ich tun?
Versuchen Sie Folgendes: Legen Sie eine Hand auf den Po, die andere auf die Schulter Ihres Babys (es liegt auf der Seite). Bewegen Sie die Hände nicht. Dies vermittelt dem Kind das Gefühl von Sicherheit. Wiederholen Sie dabei leise und regelmäßig »sch, sch«. Entspannt sich das Baby, mindern Sie den Druck Ihrer Hand auf den Po, dann den der Hand auf die Schulter. Alternativ können Sie völlig auf den Einsatz Ihrer Hände verzichten: Bewegen Sie sacht und rhythmisch die Matratze im Rücken des Kindes, ohne es zu berühren.

Ich habe alles versucht, doch nichts bringt mein Baby zur Ruhe. Was schlagen Sie mir vor?
Wenn Sie die Beruhigungstechniken angewandt haben, ohne dass Ihr übermüdetes Baby sich beschwichtigt, dann sollten Sie es aus seinem Bettchen nehmen und eine der folgenden Methoden ausprobieren:

✗ Massieren Sie das Baby und/oder bereiten Sie
  ihm ein Entspannungsbad (siehe S. 57ff).

✗ Fahren Sie es, wenn es Tag ist, im Kinderwagen
  spazieren.

✗ Benutzen Sie ein Babytragetuch.

Es ist normal, dass Ihr Baby nicht immer wie erwünscht auf
die Beruhigungstechniken reagiert. Sie beide lernen etwas
Neues und müssen viel üben und wiederholen, bis die Sache
klappt. Ein Beruhigungsprozess hat nichts mit Gewinnen
und Verlieren zu tun. Es geht darum, kleine Fortschritte zu
bewerkstelligen, die Sie Ihrem Ziel – einem besseren Schlafmuster Ihres Babys – näher bringen.

Wie wirkt Krankheit sich auf das Schlafmuster eines Säuglings aus?

Während einer Krankheit kann sich das übliche Schlafmuster ändern und das Baby häufiger aufwachen, weil es sich
nicht wohl fühlt, Schmerzen verspürt oder gefüttert werden
will. Wie von Erwachsenen darf man von kleinen Kindern
nicht erwarten, dass sie gut schlafen, wenn sie krank sind.
Allerdings besteht die Gefahr, dass die Schlafstörungen sich
erhalten, wenn es dem Kind wieder gut geht. Dann müssen

 *Daniel (er ist sechs Monate alt) ist wie ausgewechselt.
Er schläft brav am Tag und beginnt, die Nacht durchzuschlafen. Selbst als er Krupp und eine schwere Er-
kältung hatte, änderte sich daran sehr wenig. Ich
schlief lediglich nachts bei ihm in seinem Zimmer.*

Maria

Eltern sich vergegenwärtigen, dass sie von einem gesunden Kind sehr wohl erwarten dürfen, dass es zum normalen Schlafmuster zurückkehrt. Tut es dies nicht, sollten Sie erneut mithilfe der Beruhigungstechniken Ihrem Baby helfen, zum geregelten Schlafverhalten zurückzufinden.

Mein Baby ist knapp sechs Monate alt. Es braucht immer länger, um sich zu beruhigen, und manchmal richten die Beruhigungstechniken gar nichts aus. Was soll ich tun?
Wenn ein Baby dieses Alters nicht auf die in diesem Kapitel beschriebenen Beruhigungstechniken anspricht, empfiehlt sich die in Kapitel 3 erklärte Methode des modifizierten kontrollierten Tröstens.

Was tue ich mit meinen anderen Kindern, während ich das Baby beruhige?
Es ist wichtig, ihnen Ihr Tun in verständlicher Weise zu erklären. Sie können ihnen ein besonderes Spielzeug geben, das ihnen die Zeit vertreiben hilft. Oder die Geschwister »beruhigen« unterdessen eine Lieblingspuppe. Oder Sie bitten jemanden, sich derweil um die Kinder zu kümmern. Oder Sie erlauben den Kindern, eine Videoaufnahme einer heiß geliebten Fernsehsendung anzusehen, sich Musik oder eine Märchenkassette anzuhören. Sobald Sie das Baby beruhigt haben, sollten Sie seinen Geschwistern dafür danken, dass Sie es ungestört haben zu Bett bringen dürfen, und einige Minuten mit ihnen spielen. Dies wird ihre Hilfsbereitschaft erhöhen.

Vergessen Sie nicht, dass ein und dieselbe Strategie nicht zu jedweder Zeit wie erwünscht wirkt. Seien Sie daher kreativ und flexibel.

Ich fange demnächst wieder an zu arbeiten und gebe mein Baby dann in eine Kinderkrippe. Worauf soll ich achten?
Es ist wichtig, dass Sie mit den Betreuern über die geplanten Veränderungen des Schlafmusters Ihres Kindes sprechen. Manche Krippen mögen bereit sein, Ihre Strategie anzuwen-

den, doch viele werden vorbringen, dass sie sich um zu viele Kinder kümmern müssen. Halten Sie an Ihrer Methode fest, wann immer Sie sich um Ihr Baby kümmern. Der Erfolg mag länger auf sich warten lassen, doch für Ihre Geduld und Konsequenz werden Sie und Ihr Baby belohnt werden.

Kann ich mein normales Leben fortführen, wenn ich das Schlafmuster meines Babys zu ändern versuche? Oder muss ich in dieser Zeit das Haus hüten?

Am besten ist es, wenn Sie anfänglich ein paar Tage zu Hause bleiben und so Ihren Plan konsequent umsetzen können. Lassen sich Termine außer Haus nicht vermeiden, sollten Sie möglichst Zeiten ausmachen, zu denen Ihr Baby aller Wahrscheinlichkeit nach wach ist. Versuchen Sie ganztägige aushäusige Termine zu vermeiden und höchstens halbtags unterwegs zu sein, damit Ihr Baby tagsüber zumindest zeitweise zu Hause schlafen kann. Es kann gut sein, dass Ihr Kind übermüdet ist, wenn Sie heimkehren, und es etwas länger dauert, bis die Beruhigungstechniken Wirkung zeigen. Haben Sie unterwegs Gelegenheit, Ihr Baby schlafen zu legen, versuchen Sie dieselben Techniken wie daheim anzuwenden. Selbstverständlich wird das nicht immer möglich sein – seien Sie also nicht zu streng mit sich.

Ich glaube, dass sich der Schnuller zu einer Schlafassoziation für mein Baby entwickelt hat. Wie kann ich dagegen angehen?

Es gibt zwei Ansätze: Erstens können Sie den Gebrauch des Schnullers, falls Ihr Baby ihn ständig benutzt, auf die Schlafenszeit beschränken. Bedenken Sie allerdings, dass Kinder sprechen lernen, indem sie glucksen, brabbeln und andere Laute von sich geben; auch bringen sie sich durch das Fabrizieren solcher Geräusche zum Einschlafen. Ein Schnuller vermag dies zu behindern.

Der zweite Ansatz zielt auf die völlige Entwöhnung. Das lässt sich auf verschiedene Weisen erreichen. Manche Eltern nehmen den Schnuller von heute auf morgen fort, andere bevorzugen den schrittweisen »Entzug«. Im letzteren Fall geben Sie Ihrem Baby den Schnuller nicht, sobald Sie es ins Bett legen, sondern erst nachdem einige Minuten des Beruhigungsprozesses verstrichen sind. Sie können diese Wartezeit jedes Mal um ein paar Minuten verlängern: Warten Sie zum Beispiel beim ersten Mal zwei, beim nächsten Mal vier Minuten usw., bis Sie feststellen, dass Ihr Kind sich auch ohne Schnuller beruhigt. Auf welche Weise Sie Ihrem Baby den Schnuller abgewöhnen, hängt ganz von Ihrer Einstellung und Ihrem Gefühl ab.

Organisationsplan

Wir möchten Ihnen empfehlen, ehe Sie die in diesem Kapitel beschriebenen Beruhigungstechniken tagsüber und/oder nachts anwenden, über die folgenden Fragen nachzudenken. Besprechen Sie sich mit Ihrem Partner oder der Person, die Sie unterstützen soll, nicht ausgerechnet dann, wenn Sie beide müde und gestresst sind. Bedenken Sie: Um erwünschte Veränderungen herbeizuführen, müssen Sie beide mit dem Vorhaben einverstanden sein. Die Erfolgswahrscheinlichkeit steigt, wenn Sie unsere Methode konsequent anwenden. Auch wenn Sie das Schlafmuster Ihres Babys auf eigene Weise ändern wollen, wird Ihnen der nachstehende Fragenkatalog nutzen.

Lassen Sie sich die Fragen durch den Kopf gehen und schreiben Sie die Anworten auf, die Ihnen einfallen. Es ist gut möglich, dass Ihnen weitere Fragen in den Sinn kommen, die für Sie wichtig sind und die Sie notieren möchten.

Schlafumgebung

Wo soll Ihr Baby in der Zeit der Umstellung schlafen?

_____

_____

_____

_____

Wo sollen Ihre anderen Kinder schlafen?

_____

_____

_____

_____

Soll Ihr Baby demnächst in einem Kinderbettchen schlafen?

_____

_____

_____

Schnuller

Falls Ihr Baby einen Schnuller benutzt: Wollen Sie die Verwendung des Schnullers beschränken?

_____

_____

_____

Wie lange wollen Sie beim Schlafenlegen warten, bis Sie Ihrem Baby den Schnuller geben?

_____

_____

_____

Wollen Sie ihm den Schnuller auf einen Schlag abgewöhnen?

_____

_____

_____

Füttern

Wenn Sie nachts einmal weniger stillen/das Fläschchen geben wollen, wie wollen Sie vorgehen?

_____

_____

_____

Beruhigen

Wie lange wollen Sie die Beruhigungstechniken jeweils anwenden?

_____

_____

_____

Am Tag?

_____

_____

_____

In der Nacht?

_____

_____

_____

Wer soll für das Beruhigen zuständig sein?

_____

_____

_____

Am Tag?

_____

_____

_____

In der Nacht?

_____

_____

_____

Wann soll die andere Person übernehmen?

_____

_____

_____

Wer soll sich um Ihre anderen Kinder kümmern, während Sie das Baby beruhigen?

_____

_____

_____

Was Sie für sich tun können

_____

_____

_____

Was wollen Sie zu Ihrer eigenen Unterstützung beim Beruhigen des Babys tun? (Beispielsweise einen Walkman einschalten)

_____

_____

_____

Wer kennt Sie und Ihr Baby so gut, dass Sie mit ihm über Ihr Vorhaben sprechen können? (Beispielsweise Kinderarzt, Familienangehörige, Freunde, Nachbarn)

_____

_____

_____

Was können Sie tun oder mit wem können Sie sprechen, wenn Sie frustriert oder genervt sind?

_____

_____

_____

Wer kann einspringen, wenn Sie eine Pause benötigen?

_____

_____

_____

Wie können Sie sich für die erzielten Fortschritte belohnen?

_____

_____

_____

Wochentabelle: Schlaf- und Essrhythmus

Nur zu leicht meint man, wegen seines schlaflosen Babys
nachts kein Auge zutun zu können oder dass das Kind ständig weint und gefüttert werden will. Es hilft, wenn Sie sich
mithilfe dieser Wochentabelle ein genaues Bild des Schlaf-,
Ess- und Wachmusters Ihres Babys verschaffen: So verlieren
Sie in stressigen Phasen nicht so leicht Ihr Ziel aus dem Au-

	6	7	8	9	10	11	12	13	14	15	16	
Montag												
Dienstag												
Mittwoch												
Donnerstag												
Freitag												
Samstag												
Sonntag												

■ = Das Baby schläft

□ = Das Baby ist wach

F = Das Baby wird gefüttert

ge und Sie erkennen klarer die Fortschritte Ihres Babys. Füllen Sie die Tabelle jeden Tag folgendermaßen aus: Um die Zeiten festzuhalten, zu denen Ihr Baby schläft, schraffieren Sie die betreffenden Kästchen. Mit leeren Kästchen zeigen Sie an, wann es wach ist. Wird es gefüttert, tragen Sie in das Feld ein »F« ein. Sie werden schnell dem Muster des Tagesablaufs Ihres Kindes auf die Schliche kommen.

17	18	19	20	21	22	23	24	1	2	3	4	5

Wochentabelle: Schlaf- und Essrhythmus

	6	7	8	9	10	11	12	13	14	15	16	
Montag												
Dienstag												
Mittwoch												
Donnerstag												
Freitag												
Samstag												
Sonntag												

■ = Das Baby schläft

□ = Das Baby ist wach

F = Das Baby wird gefüttert

	17	18	19	20	21	22	23	24	1	2	3	4	5

Wochentabelle: Schlaf- und Essrhythmus

	6	7	8	9	10	11	12	13	14	15	16	
Montag												
Dienstag												
Mittwoch												
Donnerstag												
Freitag												
Samstag												
Sonntag												

■ = Das Baby schläft

□ = Das Baby ist wach

F = Das Baby wird gefüttert

	17	18	19	20	21	22	23	24	1	2	3	4	5

Wochentabelle: Schlaf- und Essrhythmus

	6	7	8	9	10	11	12	13	14	15	16	
Montag												
Dienstag												
Mittwoch												
Donnerstag												
Freitag												
Samstag												
Sonntag												

■ = Das Baby schläft

□ = Das Baby ist wach

F = Das Baby wird gefüttert

	17	18	19	20	21	22	23	24	1	2	3	4	5

24-Stunden-Übersicht: Beruhigungserfolge

Diese 24-Stunden-Übersicht ermöglicht Ihnen, zu erkennen, wie viel Zeit Sie benötigen, um Ihr Baby bei Ein- und Durchschlafstörungen zu beruhigen. Wenn alles klappt, be-

Beobachtungszeitraum von 24 Stunden

	6	7	8	9	10	11	12	13	14	15	16	
0												
5												
10												
15												
20												
25												
30												
35												
40												
45												
50												
55												
60												
Total												

Beruhigungszeit in Minuten

merken Sie schon binnen weniger Tage, dass Sie weniger Zeit brauchen.

Man vergisst schnell, wie lange es gedauert hat, bis das Kind (wieder) eingeschlafen ist, und dass die Situation sich verbessert hat. Ein Blick auf diese Übersicht jedoch genügt, und Sie wissen, welche Fortschritte Sie bereits erzielt haben!

17	18	19	20	21	22	23	24	1	2	3	4	5

24-Stunden-Übersicht: Beruhigungserfolge

Beobachtungszeitraum von 24 Stunden

	6	7	8	9	10	11	12	13	14	15	16	
0												
5												
10												
15												
20												
25												
30												
35												
40												
45												
50												
55												
60												
Total												

Beruhigungszeit in Minuten

	17	18	19	20	21	22	23	24	1	2	3	4	5

24-Stunden-Übersicht: Beruhigungserfolge

Beobachtungszeitraum von 24 Stunden

	6	7	8	9	10	11	12	13	14	15	16	
0												
5												
10												
15												
20												
25												
30												
35												
40												
45												
50												
55												
60												
Total												

Beruhigungszeit in Minuten

	17	18	19	20	21	22	23	24	1	2	3	4	5

24-Stunden-Übersicht: Beruhigungserfolge

Beobachtungszeitraum von 24 Stunden

	6	7	8	9	10	11	12	13	14	15	16	
0												
5												
10												
15												
20												
25												
30												
35												
40												
45												
50												
55												
60												
Total												

Beruhigungszeit in Minuten

	17	18	19	20	21	22	23	24	1	2	3	4	5

Persönliche Notizen

_____

_____

_____

_____

_____

_____

_____

_____

_____

_____

_____

_____

_____

_____

_____

_____

_____

_____

_____

_____

_____

_____

_____

_____

_____

_____

_____

_____

_____

_____

_____

_____

_____

3

Sechs bis zwölf Monate alte Säuglinge

Allgemeines Schlafverhalten

Im Alter von sechs bis zwölf Monaten lernen Babys sehr viel: Sie nehmen ihre Umwelt und die Menschen um sie herum bewusster wahr, werden aktiver, lernen sitzen, krabbeln und vielleicht auch schon laufen. Mit zunehmendem Alter kommen sie tagsüber allmählich mit weniger Schlaf aus, während die Nachtschlafphasen sich verlängern. Die meisten Babys dieser Altersstufe brauchen am Tag zwei bis drei Schläfchen.

Damit sie lernen, nachts durchzuschlafen, stillt man am besten am Tag all ihre Nahrungs- und sozialen Bedürfnisse. Ist ein Baby daran gewöhnt, zum Einschlafen gefüttert zu werden, und wacht nachts zwischen zwei Schlafzyklen auf, so stellt es fest, dass die Brust oder Flasche, mit der es eingeschlummert ist, nicht mehr da ist. Um wieder einschlafen zu können, wünscht es sich die gewohnte Situation herbei. Und diesem Wunsch kann es nur dadurch Ausdruck verleihen, dass es schreit.

Eine gewisse Vorhersehbarkeit und Routine des Tagesablaufs tut einem Kind dieses Alters zumeist sehr gut. Bestimmte Muster und Abfolgen von Geschehnissen lehren es, was es wann zu erwarten hat. In Kapitel 1 haben wir das Muster »Essen, Spielen, Schlafen« und seine Vorzüge bereits erklärt. Dieses Tagmuster verleiht Ihrem und dem Leben Ihres Babys eine Struktur, die nicht unbedingt streng und zeitlich völlig inflexibel sein muss. Um es zu etablieren, ist es wichtig zu wissen, welche Aktivitäten auf dem Tagesplan von Babys dieses Alters stehen. Das Einhalten dieses Musters birgt nicht zuletzt den Vorteil, dass Sie die Anzeichen erkennen lernen, durch die Ihr Baby Ihnen sagen will, dass es müde ist; diese Symptome sind manchmal leicht misszuverstehen.

Vielleicht hilft es Ihnen, diese Altersstufe im Hinblick auf das Schlafverhalten als große Chance zu begreifen: Ein Verändern des Schlafmusters lässt sich in dieser Entwicklungsphase meist leichter bewirken als zu einem späteren Zeitpunkt. Und selbst wenn unsere Methode Sie anfänglich viel Kraft kosten sollte, wird Nachhaltigkeit Sie mit Erfolg belohnen.

Über das Schreien und Weinen

Wie Erwachsene empfinden viele Babys Veränderungen als störend und erschwerend. Abweichungen von gewohnten Ess- und Schlafmustern können sie sich noch nicht erklären. Es ist normal, dass Ihr Baby dann schreit, um Ihnen mitzuteilen, dass es nicht versteht, was ihm widerfährt. Nach und nach, während es zunehmend auf die Schlafbotschaften und Beruhigungstechniken anspricht, wird es weniger und zuletzt vielleicht gar nicht mehr schreien. Allerdings: In diesem Alter können so manche Babys sehr lange schreien …

Während des Beruhigungsprozesses weinen oder schreien Babys häufig. Gewöhnlich schraubt sich ihr Schreien zu einem Höhepunkt hoch, ehe es allmählich nachlässt. Wenn Sie

Schreigipfel

Punkt, an dem Eltern meist weich werden →

← Das Schreien kann auch in einer Folge kleinerer »Gipfel« abflauen

Das Baby wird seine Schreidauer verändern. Gewöhnlich erreicht es binnen fünf Minuten nach dem »Erweichen« der Eltern den Schreigipfel. Diesem setzt es kürzere, weniger intensive Ausbrüche nach, bis es sich beruhigt hat. Das »Schreigipfel-Prinzip« gilt nur für das erste Lebensjahr. Danach sind Kleinkinder in der Lage, über längere Zeiträume und ohne klar erkenntlichen Höhepunkt zu schreien.

Ihr Baby in sein Bettchen legen, mag sein Schreien mit quengeligem Jammern beginnen, dann eskalieren, bis es lautstark und intensiv im so genannten »Schreigipfel« kulminiert. Sobald dieser Punkt erreicht ist, schreit das Baby in der Regel zwar weiter, legt dabei jedoch Schweigephasen ein. Manche Babys beginnen sich nach Erreichen nur eines Schreigipfels zu beruhigen.

Eltern ertragen das Schreien ihres Babys meist schwer. Viele leiden darunter so sehr, dass sie den Schreigipfel nicht abwarten. Indem Sie Ihrem Baby über diese schwierige Zeit hinweg helfen und ihm (statt es aus seinem Bettchen zu nehmen) tröstliche Schlafbotschaften übermitteln, lernt es, sich ohne die Hilfe anderer zu beruhigen und einzuschlummern.

Das Schaubild zeigt den Punkt, an dem das Schreien kulminiert. Wie erwähnt, werden Eltern häufig früher weich. In der Regel erreicht das Schreien seinen Gipfel fünf Minuten nach dem Punkt, an dem es sich verstärkt und die Eltern am liebsten nachgeben würden. Daraufhin folgen kürzere, weniger intensive Ausbrüche. Manchmal, aber nicht immer, setzt das Baby einen weiteren Schreigipfel nach. Die Schreidauer – die Zeit vom Beginn des Schreiens bis zu dem Punkt, an dem sich das Baby beruhigt und entspannt – kann äußerst unterschiedlich ausfallen. Überlegen Sie sich Methoden, die Ihnen helfen, ruhig und entschlossen zu bleiben, wenn Sie am liebsten kapitulieren würden.

Versuchen Sie, das Einschlafen und Schreien aus der Sicht Ihres Kindes zu betrachten. Nehmen Sie es auf den Arm, wenn es sein Schreien verstärkt, so helfen Sie ihm damit nicht, allein einschlafen zu lernen. Klare, beständige Botschaften hingegen, die ihm Ihren Wunsch signalisieren, dass es schläft, unterstützen es bei diesem Lernprozess. Auch wenn es schreit und gegen die neuen Beruhigungsmethoden protestiert, so ist dies für das Baby doch oft weniger traumatisch, als sich restlos zu erschöpfen und die Laune zu verderben, weil es stundenlang kein Auge zutun kann. Versuchen Sie, sich nicht auf das Schreien zu konzentrieren, denn es hört auf. Konzentrieren Sie sich stattdessen darauf, Ihrem Kind klare Schlafbotschaften zu vermitteln.

Müdigkeitsanzeichen

Es ist oft sehr schwer, die Müdigkeitssymptome eines Babys zu erkennen, das generell schlecht schläft oder ein gestörtes Schlafmuster aufweist. Anzeichen wie Nuckeln an Fingern oder Hand und/oder Weinen oder Schreien lassen sich leicht als Ausdruck von Hunger, Langeweile oder Enttäuschung fehlinterpretieren. Oder das Baby sieht kein bisschen müde, sondern hellwach aus! Sobald es besser zu schlafen beginnt, fällt es leichter, seine Müdigkeitsanzeichen zu bemerken.

Die Müdigkeitsanzeichen von über sechs Monate alten Babys können noch denen jüngerer Säuglinge – Gähnen, Grimassenschneiden, ruckartige Bewegungen etc. – entsprechen. Zu den weiteren Hinweisen zählen:

- ✗ Nachlassendes Interesse an der Umgebung und Spielzeugen
- ✗ Verringerung der Konzentrationsspanne
- ✗ Ständig unterhalten werden wollen
- ✗ Zunehmende Quengeligkeit
- ✗ Verstärktes Bedürfnis nach Körperkontakt
- ✗ Augen-, Ohren-, Nasenreiben, Zupfen am Haar
- ✗ Unkoordinierte Bewegungen, Schwerfälligkeit

Ruhephase zum Abregen

Durch ein beständiges, auf Ihr Baby und die Umstände abgestimmtes Muster erleichtern Sie Ihrem Kind das Einschlafen wesentlich. Hat sich dieses Muster zur festen Einrichtung entwickelt, wird Ihr Baby zu Hause, aber auch bei Freunden und Verwandten, die Sie besuchen, positiv reagieren, wenn Sie es schlafen legen. Versuchen Sie das Muster so einfach und entspannend wie möglich zu gestalten. Die Schritte des Rituals dürfen sich tags und nachts unterscheiden, sollten aber unbedingt eine Phase umfassen, die dazu dient, dass Ihr Kind sich abregt und auspendelt.

Damit es zur Ruhe kommt, sollten Sie es nicht stimulieren und äußere Reize weitestgehend ausschalten. Dunkeln Sie zum Beispiel das Zimmer ab, schmusen und reden Sie leise ein wenig mit Ihrem Baby, lesen Sie ihm eine kurze Geschichte oder singen Sie ihm ein besänftigendes Lied vor. Haben Sie mehrere Kinder oder leben in einem umtriebigen, lauten Haus, dauert es womöglich länger, bis das Baby abspannt; in das Vorlesen lassen Geschwister sich gegebenenfalls einbeziehen.

Reagiert das Baby allerdings nur noch unruhiger und jammert oder schreit, ist es wahrscheinlich übermüdet. Dann sollten Sie es am besten ins Bett bringen und zu den Beruhigungstechniken übergehen.

Ab ins Bett

Legen Sie das Baby nach Ihrer gemeinsamen Ruhephase auf dem Rücken schlafen. Stopfen Sie das Bettzeug gut zurecht und sagen Sie »Gute Nacht, schlaf schön« oder etwas Ähnliches. Es ist wichtig, dass Sie dem Baby Gelegenheit geben, sich selbst zu beruhigen. Verlassen Sie daher für 30 Sekunden das Zimmer.

Wenn Sie Ihr Kind ins Bett bringen, sollten Sie unter anderem folgende Schritte beachten:

✗ Vergewissern Sie sich, dass das Baby eine saubere Windel und geeignete Kleidung trägt.

✗ Dunkeln Sie den Raum ab.

✗ Legen Sie das Kind in sein Bettchen und stecken Sie die Bettdecke fest. Einwickeln ist bei Babys dieser Altersstufe nicht angebracht; die bei jüngeren Säuglingen vorkommende unwillkürliche Schreckreaktion tritt jetzt nicht mehr auf. (Viele das Einwickeln gewöhnte Babys be-

ginnen zu zappeln und sich gegen das Einwickeln zu wehren, wenn sie älter werden. Haben Sie Ihr Baby bislang eingewickelt schlafen
gelegt, kann es eine Weile dauern, bis es sich
daran gewöhnt hat, frei unter einer Decke zu
schlafen.)

✗ Geben Sie dem Baby Gelegenheit, sich allein zu
beruhigen.

Benutzen Sie die Beruhigungstechniken sowohl für den Tag-
als auch für den Nachtschlaf, um die Beständigkeit und Ein-
dringlichkeit der Schlafbotschaften zu verstärken.

Wie Sie Ihr Baby beruhigen: Modifiziertes kontrolliertes Trösten

Haben Sie Ihr Baby zu Bett gebracht, gibt es vielleicht Ruhe
und schläft von allein ein. Oder aber es quengelt und beginnt
zu schreien. Hört es nach 30 Sekunden nicht auf zu schrei-
en, dann begeben Sie sich zurück in sein Zimmer, um die
Methode des modifizierten kontrollierten Tröstens anzuwenden.

Diese Methode hilft Babys, ein besseres Schlafverhalten zu
entwickeln. Dazu gehört, dass sie lernen, allein einzuschlafen und wieder in Schlaf zu verfallen, wenn sie – am Tag wie
bei Nacht – am Ende eines Schlafzyklus erwachen.

Beim modifizierten kontrollierten Trösten wird das Kind
abwechselnd getröstet und allein gelassen, und zwar jeweils
zwei bis zehn Minuten lang. Das Prinzip basiert auf der Erkenntnis, dass ältere Säuglinge entwicklungsbedingt in der
Lage sind, kürzere Trennungsphasen zu ertragen, wenn sie
dazwischen beruhigt und getröstet werden. Man weiß, dass
sechs bis zwölf Monate alte Babys an Trennungsangst (Angst
vor dem Getrenntsein von den Eltern) leiden, doch zugleich
zu verstehen beginnen, dass die Eltern weiterhin da sind,
auch wenn diese sich nicht im selben Raum aufhalten. Das

modifizierte kontrollierte Trösten wurde vor diesem Wissenshintergrund entwickelt mit dem Ziel, solche Trennungsängste zu mindern und Babys beizubringen, ohne den Beistand von anderen einzuschlafen.

Ab dem Alter von sechs Monaten werden Säuglinge aktiver, mobiler und aufgeweckter. Leistet man ihnen Gesellschaft, während sie sich zum Schlafen entspannen und beruhigen sollen, regt man sie eventuell noch mehr an, als sie es bereits sind, und erschwert ihnen so das Einschlafen.

Wir wissen von zahlreichen Eltern, die sehr lange Zeit erfolglos versucht haben, ihr Baby dazu zu bringen, allein einschlafen, und sich schließlich für das modifizierte kontrollierte Trösten entschlossen haben.

Modifiziertes kontrolliertes Trösten: Das Verfahren

Ehe Sie diese Methode anwenden, sollten Sie:

- ✗ Ihr Baby ins Bett legen, und zwar (zum Vorbeugen vor dem Plötzlichen Kindstod) auf dem Rücken,

- ✗ ihm eine gute Nacht wünschen und das Zimmer verlassen,

- ✗ 30 Sekunden lauschen

- ✗ und, falls das Kind schreit, zu ihm zurückkehren, es (mit von Ihnen abgewandtem Gesicht) auf die Seite drehen und auf die im Folgenden beschriebene Weise zu beruhigen versuchen.

Wichtig: Das Kind darf nicht einschlafen, während Sie die Beruhigungstechniken anwenden. Das Ziel des Lernprozesses besteht darin, dass es allein einschläft.

Verbringen Sie nicht mehr als zwei bis zehn Minuten mit dem Beruhigen und Trösten. Dabei soll das Baby im Bett liegen bleiben und so wenig wie möglich stimuliert werden. Beginnen Sie mit »handgreiflichen« Beruhigungstechniken wie Klapsen und Streicheln (siehe S. 49ff); achten Sie auf die

Reaktion des Babys. Wenden Sie in diesen zwei bis zehn Minuten nur eine Technik an; der Einsatz verschiedener Techniken in solch kurzer Zeit kann das Kind leicht verwirren oder anregen. Verlassen Sie den Raum, sobald es verstummt und sich entspannt – und ebenso, wenn es nach Ablauf von zehn Minuten weiterhin schreit.

✗ Verlassen Sie das Zimmer und bleiben Sie
   2 Minuten draußen.

Schreit Ihr Baby nach wie vor, gehen Sie nach Ablauf der zwei Minuten zu ihm zurück und versuchen es mithilfe der Beruhigungstechniken zu beschwichtigen. Lassen Sie sich abermals zwei bis zehn Minuten Zeit. Gehen Sie aus dem Raum, sobald das Baby schweigt und sich entspannt. Weint oder schreit es nach zehn Minuten immer noch, so lassen Sie es ebenfalls allein.

✗ Verlassen Sie das Zimmer und bleiben Sie
   4 Minuten draußen.

Hat Ihr Baby nach vier Minuten sein Schreien nicht eingestellt, so kehren Sie zu ihm zurück. Wenden Sie, wiederum für zwei bis zehn Minuten, die Beruhigungstechniken an. Verlassen Sie den Raum, sobald das Baby zu schreien aufhört und sich entspannt. Gibt es nach zehn Minuten immer noch keine Ruhe, gehen Sie gleichfalls aus dem Zimmer.

✗ Verlassen Sie das Zimmer und bleiben Sie
   6 Minuten draußen.

Schreit das Kind auch nach sechs Minuten noch, dann gehen Sie zu ihm zurück und versuchen erneut, es zwei bis zehn Minuten lang zu beruhigen. Gelingt dies und es entspannt sich, lassen Sie es allein. Hat es nach zehn Minuten nicht aufgehört zu schreien, gehen Sie ebenfalls aus dem Zimmer.

✗ Verlassen Sie das Zimmer und bleiben Sie
   8 Minuten draußen.

Schreit Ihr Baby nach Ablauf von acht Minuten immer noch, gehen Sie wieder zu ihm hin und versuchen, es zwei bis zehn

Minuten lang zu beruhigen. Wird es still und entspannt sich, so verlassen Sie den Raum. Schreit es nach zehn Minuten ungebrochen, gehen Sie aus dem Zimmer.

✗ Verlassen Sie das Zimmer und bleiben Sie **10 Minuten** draußen.

Ist Ihr Baby nach zehn Minuten noch wach und schreit, versuchen Sie weiterhin, es jeweils zwei bis zehn Minuten lang mithilfe der Beruhigungstechniken zu trösten. Verlassen Sie nach jedem Versuch für jeweils 10 Minuten den Raum. Nochmals: Gehen Sie aus dem Zimmer, sobald das Kind zu schreien aufhört. Sie müssen nicht jedes Mal zehn Minuten bei ihm bleiben. (Das Diagramm auf Seite 105 veranschaulicht den Prozess.)

Versuchen Sie, ruhig und entspannt zu bleiben. Einige Tipps dafür geben wir Ihnen weiter unten.

Richtet sich Ihr Baby auf, während Sie es zu beruhigen versuchen, sollten Sie es behutsam wieder hinlegen, zudecken, eine Hand sacht auf seine Schulter oder Hüfte legen und fortfahren, es zu beruhigen.

Wenn es Sie nicht überfordert, können Sie die Methode des modifizierten kontrollierten Tröstens bis zu einer Stunde auch am Tag einsetzen. Hat zum Beispiel Ihr Baby weniger als eine Stunde geschlafen, können Sie die Methode bis zu 30 Minuten lang anwenden, damit es wieder einschläft. Nachts sollten Sie dies so lange tun, wie es Ihnen ohne Unbehagen möglich ist.

Diese Technik dient dazu, das Kind zu trösten und zu beruhigen. Es ist wichtig, dass Sie es nie länger als zehn Minuten schreien lassen, zu ihm zurückkehren und es zu beschwichtigen versuchen.

Es ist nicht nötig, in sein Zimmer zurückzugehen, wenn es nach Ablauf der jeweiligen Frist nicht mehr schreit. Manche Eltern machen sich an diesem Punkt um ihr Baby Sorgen, vor allem wenn der Beruhigungsprozess längere Zeit in Anspruch genommen hat. Widerstehen Sie der Versuchung, sofort nach dem Baby zu schauen: Es mag jetzt zwar still, aber noch nicht eingeschlafen sein oder noch nicht fest schlafen und daher leicht wieder aufwachen. Das würde die harte Arbeit, die Sie beide geleistet haben, zunichte machen.

Sobald Ihr Baby tief schläft, drehen Sie es vorsichtig auf den Rücken. Liegt es auf seinem Bettzeug, können Sie es behutsam mit einer anderen Decke zudecken.

Schlafvorboten

Achten Sie, während Sie Ihr Baby zu beruhigen und entspannen versuchen, auf Anzeichen, die ankündigen, dass es bald einschläft. Ziehen Sie sich zurück, sobald Sie diese bemerken, damit das Kind allein einschlafen lernt. Hier einige dieser Anzeichen:

✗ Der Körper des Kindes wird ruhig und entspannt,

✗ das Kind schreit nicht mehr laut,

✗ es gibt melodischere Töne von sich,

✗ seine Augenlider werden schwer und flattern,

✗ es atmet langsamer und rhythmischer,

✗ es seufzt ausgiebig,

✗ es kuschelt sich in die Decke.

Modifiziertes kontrolliertes Trösten am Tag

Versuchen Sie tagsüber, die Methode des modifizierten kontrollierten Tröstens eine Stunde lang anzuwenden. Falls Ihr Baby nach Ablauf einer Stunde nicht zur Ruhe gekommen ist, sollten Sie es aufnehmen und sich und ihm eine Pause gönnen.

Geben Sie ihm etwas Wasser zu trinken, liebkosen Sie es und lassen Sie es spielen. Achten Sie auf seine Müdigkeitsanzeichen und unternehmen Sie, wenn Sie beide bereit sind, einen erneuten Versuch.

Schlummert Ihr Baby ein, wacht jedoch binnen einer Stunde auf, sollten Sie versuchen, es wieder zum Einschlafen zu bringen. Bei einem Schlaf von weniger als einer Stunde macht es lediglich einen Schlafzyklus durch. Das modifizierte kontrollierte Trösten will erreichen, dass das Kind, wenn es zwischen zwei Schlafzyklen erwacht, von allein wieder einschläft. Wenn es Ihnen möglich ist, sollten Sie die Methode eine weitere halbe Stunde lang anwenden, wenn Ihr Baby zu früh aufgewacht ist.

Modifiziertes kontrolliertes Trösten in der Nacht

Damit Ihr Baby ein besseres Schlafmuster entwickelt, müssen Sie beharrlich und konsequent bleiben. Wacht es nachts auf, sollten Sie die Methode des modifizierten kontrollierten Tröstens so lange anwenden, wie es Ihnen möglich ist; halten Sie jeweils Wartezeiten von zehn Minuten ein. Werden Sie allerdings zu nervös oder angespannt, sollten Sie Ihr Baby aufnehmen, es kurz liebkosen und ihm eventuell ein bisschen Wasser zu trinken geben. Bleiben Sie dabei möglichst in seinem Zimmer, lassen Sie Licht und andere äußere Reize weitestgehend ausgeschaltet. Dies vermittelt ihm eine beständige, klare Schlafbotschaft, dies es nicht missverstehen kann als Hinweis darauf, es sei Zeit zum Aufwachen oder Spielen. Starten Sie, sobald Sie wieder bereit sind, einen erneuten Versuch.

Diagramm: Modifiziertes kontrolliertes Trösten
Ablauf bei sechs bis zwölf Monate alten Säuglingen

Anmerkung: *Wenn Sie sich dazu in der Lage fühlen, können Sie die Methode bis zu einer Stunde lang anwenden; zum Wiedereinschlafen empfehlen wir 30 Minuten. Nachts sollten Sie so lange durchzuhalten versuchen, bis Ihr Baby sich beruhigt.*

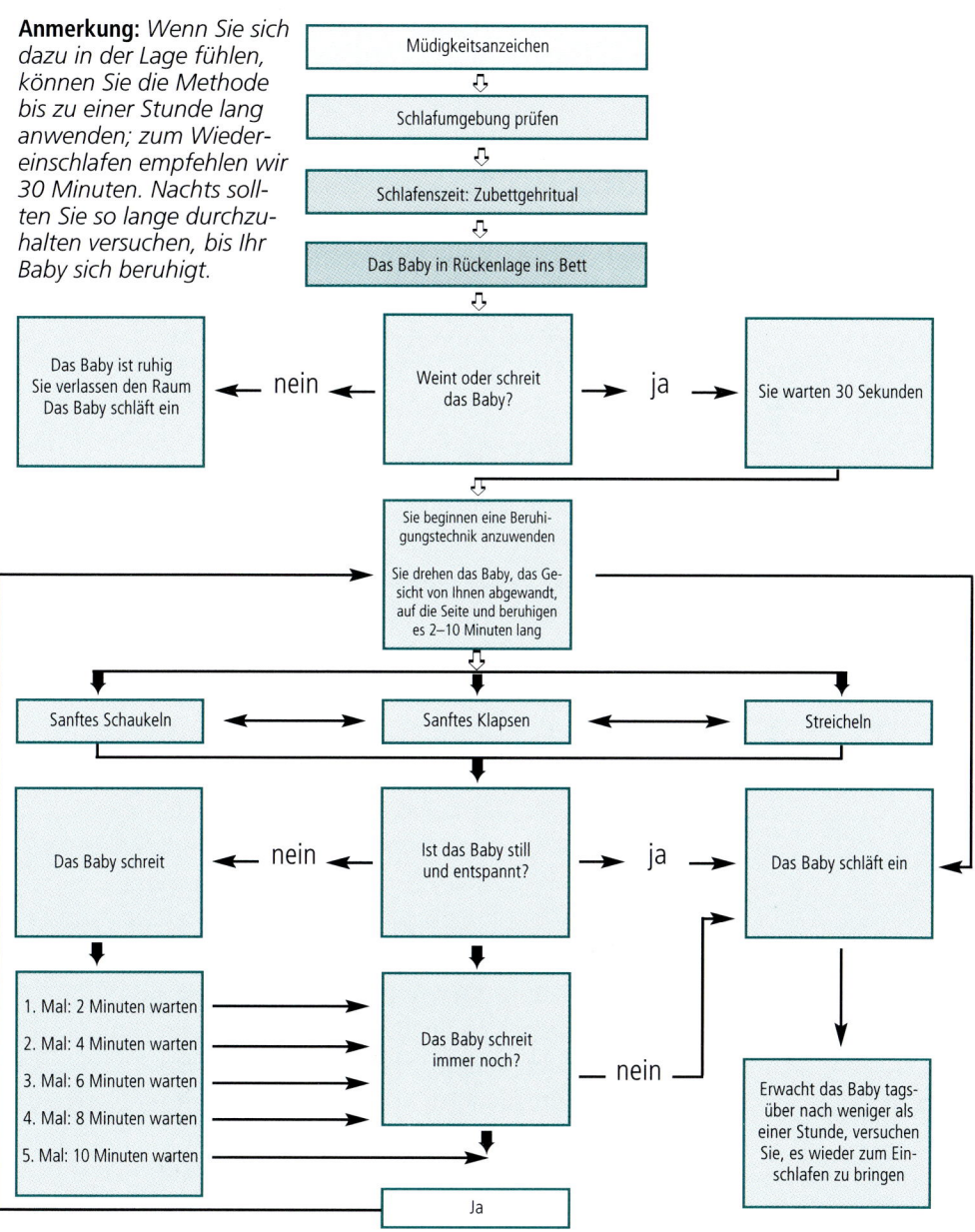

105

Wichtige Hinweise

- ✗ Wenden Sie die Methode an, wenn Sie sich sicher sind, dass Sie andere Dinge zurückstellen und sich auf sich und Ihr Baby konzentrieren können.

- ✗ Beginnen Sie mit dem Vorhaben, wenn Sie wissen, dass Sie es zu Ende bringen können.

- ✗ Beginnen Sie, Ihrem Baby zu einem besseren Schlafmuster zu verhelfen, wenn es gesund ist.

- ✗ Achten Sie auf erste Müdigkeitsanzeichen.

- ✗ Ein regelmäßiges Zubettgeh-Muster oder -Ritual hilft dem Baby, sich auf das Schlafen einzustellen.

- ✗ Legen Sie, ehe Sie Ihr Baby zu Bett bringen, eine Ruhephase zum Abregen ein.

- ✗ Legen Sie das Baby wach in sein Bettchen.

- ✗ Benutzen Sie Beruhigungstechniken nur, um Ihr Baby zur Ruhe, nicht aber, um es zum Einschlafen zu bringen.

- ✗ Wacht das Baby am Tag nach weniger als einer Stunde Schlaf auf, sollten Sie es erneut zu beruhigen versuchen.

- ✗ Machen Sie sich darauf gefasst, dass es ungewohnt sein mag, längere Zeiten ohne das – nun selig schlafende – Baby zuzubringen. Überlegen Sie sich, wie Sie die gewonnene Zeit gern nutzen würden.

- ✗ Halten Sie sich in Augenblicken, in denen Ihr Baby sich einfach nicht beruhigen und (wieder) einschlafen will, nicht für schlechte Eltern und Ihre Mühe nicht für vergeudet. Das konsequente Wiederholen der Beruhigungstechniken bewährt sich und Ihr Kind wird schließlich lernen, allein einzuschlafen.

✗ Für Ihr Baby besteht der langfristige Vorteil darin, dass es sich ohne Zutun anderer entspannen und (wieder) einschlafen kann.

✗ Babys dieser Altersstufe können Trennungsphasen ertragen, wenn diese nicht zu lange dauern und man ihnen anschließend wieder das Gefühl von Geborgenheit vermittelt.

✗ Konzentrieren Sie sich darauf, Ihrem Baby klare Schlafbotschaften zu vermitteln, und nicht auf das Schreien, denn dieses wird aufhören.

✗ Vergessen Sie nicht, sich um sich selbst zu kümmern.

✗ Seien Sie sich gewiss: Sie schaffen es!

Hilfe zur Selbsthilfe

Die folgenden Tipps erleichtern es Ihnen vielleicht, bei der Methode des modifizierten kontrollierten Tröstens konsequent zu bleiben und Ihr Ziel – ein besseres Schlafverhalten Ihres Babys – zu erreichen.

✗ Eine Uhr mit Stunden- und Minutenzeiger (oder gar eine Stoppuhr) hilft Ihnen beim genauen Messen der Zeit, die Sie nach dem Beruhigen lauschend und wartend verbringen. Wenn man ein Baby schreien lässt, können einem Minuten wie Stunden erscheinen.

✗ Halten Sie Schreibzeug bereit, um festzuhalten, wie oft Ihr Baby aufwacht und wie lange es braucht, um sich zu beruhigen. Aufzeichnungen helfen Ihnen Fortschritte erkennen und die Notwendigkeit, am Ball zu bleiben. Am Ende dieses Kapitels finden Sie ein Muster für eine solche Übersicht.

✗ Das modifizierte kontrollierte Trösten kann Eltern besonders schwer fallen, wenn das Baby lautstark protestiert. Manche Eltern fragen sich, was andere sich wohl denken mögen, wenn ihr Kind so viel schreit. Klären Sie betroffene Freunde, Familienmitglieder und nötigenfalls auch Nachbarn über Ihr Tun auf.

✗ Sehen Sie es positiv: Es ist harte Arbeit, aber diese zahlt sich aus.

✗ Machen Sie Atem- oder andere Entspannungsübungen.

✗ Hören Sie Musik.

✗ Erinnern Sie sich daran, dass dies einen kleinen Teil eines Lebenswerks darstellt und Sie Ihre langfristigen Ziele nicht aus dem Auge verlieren dürfen.

✗ Sichern Sie sich für Ihr Vorhaben Unterstützung. Sie können beispielsweise dafür sorgen, dass Familienmitglieder oder Freunde Sie tagsüber entlasten oder jemand Sie in der Zeit, in der Sie unsere Methode anwenden, unterstützt.

✗ Sprechen Sie mit jemandem über Ihre Gefühle.

✗ Beglückwünschen Sie sich und Ihr Baby zu jedem Fortschritt, sei er noch so klein.

✗ Belohnen Sie sich für Ihre Fortschritte und Ihre Ausdauer.

Passen Sie gut auf sich auf

Wie Erwachsene, so sind auch Babys Individuen und reagieren daher unterschiedlich auf Veränderungen. Die Erfahrung hat gezeigt, dass die Anstrengung, ein neues Schlafmuster zu etablieren, selten nicht zum Ziel führt. Halten Sie also durch! Das mag Sie manchmal so anstrengen, dass Sie eine kleine Auszeit benötigen. Sie dürfen die Methode abwandeln, nicht jedoch ihre Grundsätze. Wenn Sie möchten, können Sie die Zeitdauer des Tröstens und Wartens verändern. Vielleicht wollen Sie beispielsweise zweimal dieselbe Wartezeit einlegen (1. Mal: 2 Minuten, 2. Mal: 2 Minuten, 3. Mal: 4 Minuten, 4. Mal: 4 Minuten usw.) oder die Obergrenze des Wartens auf sechs statt zehn Minuten ansetzen. Der Plan, das Schlafverhalten Ihres Kindes zu verbessern, muss für Sie machbar sein. Bedenken Sie jedoch, dass Variationen den Fortschritt verlangsamen können. Das dürfte allerdings besser sein, als die Flinte ins Korn zu werfen.

Strapaziert das Unternehmen Sie über die Maßen oder bereitet Ihnen ein ungutes Gefühl, dann brechen Sie es ab. Dies ist für die gesamte Familie wichtig. Vielleicht ist es nötig, dass Ihr Partner oder ein Freund einspringt. Oder Sie gelangen zu dem Schluss, dass dies kein günstiger Zeitpunkt für Veränderungen in Ihrem Leben ist oder Sie für Ihr Vorhaben mehr Rückendeckung benötigen. Wie auch immer, halten Sie sich deswegen nicht für eine schlechte Mutter oder einen schlechten Vater. Begreifen Sie es vielmehr als konstruktiven Wink mit dem Zaunpfahl darauf, dass Sie sich mehr um sich selbst kümmern und in der Lage sein müssen, Ihre Grenzen zu erkennen. Das ist für Leib und Seele weit gesünder, als sich zu ärgern oder sich oder das Kind zu strafen.

Wichtig ist es ebenfalls, dass Sie sowohl Ihr Baby als auch sich selbst loben. Sagen Sie ihm, dass es große Fortschritte macht und Sie auf es stolz sind. Vergessen Sie auf keinen Fall, dies auch sich selbst zu sagen!

Es kann geschehen, dass es Sie emotional irritiert, mehr Zeit ohne Ihr Baby zu verbringen. Diese Gefahr besteht vor allem dann, wenn Sie sich daran gewöhnt haben, lange mit Ihrem Baby zusammen zu sein und zu schmusen, damit es einschläft. Überlegen Sie sich, wie Sie die Zeit, die Sie durch den gesunden Schlaf Ihres Kindes gewinnen, ausfüllen möchten. Und führen Sie sich vor Augen, dass ein ausgeschlafenes Baby in den Wachphasen ausgeglichener und fröhlicher ist, sodass Ihnen das Miteinander noch mehr Freude bereiten wird.

Zusammenfassung

Wenn Sie konsequent eine Beruhigungsmethode anwenden, die der Entwicklungsstufe Ihres Babys entspricht, können Sie bereits am Ende der ersten Woche eine beachtliche Verbesserung des Schlafmusters verzeichnen. Seien Sie sich allerdings bewusst, dass ein noch größerer Fortschritt etwas länger – manchmal bis zu drei Wochen – auf sich warten lassen kann. Das Verändern eingefahrener Verhaltensweisen braucht nun einmal seine Zeit.

 *Durch die erfolgreiche Anwendung Ihrer Methode hat sich unser Familienleben dermaßen verändert, dass ich dafür kaum Worte finde. Ich fühle mich als Mutter unvergleichlich besser und sicherer, und auch mein Mann hat in seiner Vaterrolle mehr Selbstvertrauen entwickelt. Meine Depression ist verflogen – »nur« weil ich wieder schlafen kann und ein ausgeglicheneres, glücklicheres Kind habe.*

Susan

Oft bemerken Eltern auch in anderen Bereichen positive Veränderungen des Verhaltens ihres Babys. Unter anderem entwickeln viele Babys bessere Essgewohnheiten, sind während der Wachphasen ausgeglichener und insgesamt umgänglicher.

Krankheiten und familiäre Veränderungen können eine Rückkehr zum gestörten Schlafmuster auslösen; zuweilen ändert sich das Schlafverhalten ohne ersichtlichen Grund. In der

Regel wird Ihr Baby sehr schnell positiv reagieren, wenn Sie für eine Woche erneut die Beruhigungstechniken einsetzen.

Das modifizierte kontrollierte Trösten hat sich in der Praxis als äußerst wirkungsvoll herausgestellt; Ihr persönlicher Erfolg hängt natürlich von Ihrer Motivation und Ihrer Ausdauer ab.

Das Verbessern des Schlafmusters von Babys ist sicherlich kein leichtes Unterfangen, aber eine sinnvolle Investition von Zeit und Energie, die allen Betroffenen zu erholsameren Nächten verhilft.

Was tun, wenn? Häufige Fragen von Eltern

Beim modifizierten kontrollierten Trösten quengelt mein Baby immer mal wieder. Wie soll ich mich verhalten?

Wenn Sie dabei ein gutes Gefühl haben, lassen Sie es in seinem Zimmer allein. Quengelt es länger als zehn Minuten und beruhigt sich nicht, gehen Sie zu ihm zurück und vermitteln Sie ihm ruhige, klare Schlafbotschaften. Das genügt vielleicht schon, und es hört auf zu jammern und entspannt sich. Oder aber es beginnt zu weinen oder zu schreien. Dann sollten Sie erneut die Methode des modifzierten kontrollierten Tröstens anwenden.

Was soll ich tun, falls mein Baby ruhig ist, wenn ich aus dem Raum gehe, aber wenige Minuten später zu schreien beginnt?

Dass das Baby ruhig ist, wenn Sie es verlassen, ist schon einmal gut. Messen Sie Ihre Wartezeit ab dem Zeitpunkt, an dem Ihr Kind zu schreien beginnt, und kehren Sie nach Ablauf der Frist ins Zimmer zurück – zum Beispiel: Die Wartezeit, die Sie sich dieses Mal gesetzt haben, beträgt sechs Minuten. Ihr Baby bleibt vier Minuten still, ehe es zu schreien beginnt. Von diesem Zeitpunkt an lassen Sie sechs Minuten verstreichen und gehen dann zum Baby zurück.

Würde sich ein Baby, das hartnäckig schreit, besser beruhigen, wenn man es länger als zehn Minuten allein lässt?

Es empfiehlt sich nicht, ein schreiendes Baby länger als zehn Minuten allein zu lassen. Dadurch gerät es womöglich erst recht aus der Fassung und lässt sich noch schlechter beruhigen. Es geht darum, dass es allein einschlafen lernt. Dabei helfen Sie ihm am besten, indem Sie ihm klare Schlafbotschaften vermitteln und es trösten.

Ich wende, wie von Ihnen empfohlen, in der Tröstezeit zwei bis zehn Minuten lang Beruhigungstechniken an, ohne dass mein Baby darauf anspricht. Dann kommt mir die Prozedur als Strapaze vor. Soll ich trotzdem weitermachen?

Verlassen Sie das Zimmer, sobald Ihnen Ihr Beruhigungsversuch strapaziös erscheint. Halten Sie die Wartezeit ein. Kehren Sie dann zu Ihrem Kind zurück und wenden Sie erneut die Beruhigungstechniken an. Babys lernen durch Wiederholen, und Sie helfen Ihrem Kind dabei, indem Sie fortfahren, es zu beruhigen, und so Ihre Schlafbotschaften verstärken.

Wenn ich mein Baby zu Bett gebracht habe, höre ich manchmal, dass es spielt und brabbelt. Wie soll ich reagieren?

Wenn Sie hören, dass Ihr Kind spielt, sollten Sie zehn Minuten draußen warten und dann zu ihm zurückkehren. Decken Sie es wieder zu und wünschen Sie ihm gute Nacht. Achten Sie darauf, ihm deutlich zu vermitteln, dass es Zeit zum Schlafen ist, nicht zum Spielen.

Was soll ich mit meinen anderen Kindern anfangen, während ich das Baby beruhige?

Es ist wichtig, dass Sie ihnen Ihr Tun auf eine Weise erklären, die sie verstehen können. Sie können ihnen ein besonderes Spielzeug geben, das ihnen die Zeit vertreiben hilft, oder sie ihre Lieblingspuppe »beruhigen« lassen. Oder Sie bitten jemanden, sich derweil mit den Kindern zu beschäftigen. Oder Sie erlauben ihnen, eine Videoaufnahme einer heiß geliebten Fernsehsendung anzusehen, Musik zu hören oder einer Märchenkassette zu lauschen. Sobald Sie das Baby beruhigt haben, sollten Sie seinen Geschwistern dafür danken, dass sie Sie nicht gestört haben, und sich ihnen einige Minuten widmen. Dies wird ihre Hilfsbereitschaft erhöhen.

Vergessen Sie nicht, dass ein und dieselbe Strategie nicht zu jedweder Zeit funktioniert. Sie müssen also kreativ und flexibel sein.

Ich fange demnächst wieder an zu arbeiten und gebe mein Baby dann in eine Kinderkrippe. Worauf soll ich achten?
Sprechen Sie unbedingt mit den Verantwortlichen darüber, dass Sie das Schlafmuster Ihres Kindes dauerhaft verbessern wollen. Manche Krippen mögen bereit sein, Ihre Methode anzuwenden, doch viele werden vorbringen, dass sie sich um zu viele Kinder kümmern müssen. Halten Sie an Ihrem Konzept fest, wann immer Sie selbst Ihr Baby versorgen. Der Erfolg mag länger auf sich warten lassen, doch Sie und Ihr Baby werden von Ihrer Geduld und Konsequenz profitieren.

Kann ich mein normales Leben fortführen, während ich das Schlafmuster meines Babys zu ändern versuche? Oder muss ich in dieser Zeit das Haus hüten?
Am besten ist es, wenn Sie anfänglich einige Tage daheim bleiben und so Ihren Plan konsequent verwirklichen können. Lassen sich Termine außer Haus nicht vermeiden, sollten Sie möglichst Zeiten ausmachen, zu denen Ihr Baby wahrscheinlich wach ist. Versuchen Sie ganztägige aushäusige Termine zu vermeiden und höchstens halbtags unterwegs zu sein, damit Ihr Baby tagsüber zumindest zeitweise zu Hause schlafen kann. Eventuell ist das Kind bei der Heimkehr übermüdet und es dauert länger, bis die Beruhigungstechniken anschlagen. Können Sie Ihr Baby unterwegs schlafen legen, versuchen Sie die gewohnte Methode anzuwenden. Selbstverständlich wird das nicht immer möglich sein – seien Sie also nicht zu streng mit sich.

Ich glaube, dass der Schnuller für mein Baby eine
Schlafassoziation darstellt. Was kann ich dagegen
unternehmen?

Es gibt zwei Ansätze: Erstens können Sie den Gebrauch des
Schnullers auf die Schlafenszeit beschränken. Bedenken Sie
allerdings, dass Kinder sprechen lernen, indem sie glucksen,
brabbeln und andere Laute produzieren; auch bringen sie
sich durch solche Geräusche zum Einschlafen. Ein Schnuller
vermag diese Entwicklung zu behindern.

Der zweite Ansatz zielt auf die völlige Entwöhnung. Dies
lässt sich auf verschiedene Weisen erreichen. Manche Eltern
nehmen den Schnuller von heute auf morgen fort, andere
tun es nach und nach. Im letzteren Fall geben Sie Ihrem Baby den Schnuller nicht, sobald Sie es ins Bett legen, sondern
erst nachdem Sie einige Minuten versucht haben, es zu beruhigen. Sie können dies jedes Mal um ein paar Minuten
hinauszögern: Warten Sie zum Beispiel beim ersten Mal
zwei, beim nächsten Mal vier Minuten usw., bis Sie feststellen, dass Ihr Kind sich auch ohne Schnuller beruhigt. Wie Sie
Ihrem Baby den Schnuller abgewöhnen, hängt ganz von Ihrer Einstellung und Ihrem Gefühl ab.

Mein Baby richtet sich auf, während ich es zu
beruhigen versuche. Es daran zu hindern, gelingt mir
nicht. Was raten Sie mir?

Babys lernen nicht, sich zu entspannen, wenn man sie
zwingt, sich hinzulegen, oder die Technik des Klapsens und
Schaukelns zu fest oder zu schnell anwendet. Es kann daher
geschehen, dass sie nicht wie gewünscht auf die Beruhigungstechniken reagieren, sondern noch nervöser werden
und noch lauter schreien – was manche Eltern enttäuscht,
verärgert oder verunsichert. Statt den Beruhigungsversuch
fortzusetzen, sollten Sie für einige Minuten oder die plan-
mäßige Wartezeit das Zimmer verlassen, bis Sie sich gefasst
haben. Oder Sie nehmen das Baby aus dem Bett und unternehmen mit ihm etwas Angenehmes, zum Beispiel einen
Spaziergang, und einen weiteren Beruhigungsversuch, sobald Sie Müdigkeitsanzeichen bemerken.

Organisationsplan

Wir möchten Ihnen empfehlen, über die folgenden Fragen nachzudenken, ehe Sie die Methode des modifizierten kontrollierten Tröstens in der Nacht und/oder am Tag anwenden. Besprechen Sie sich mit Ihrem Partner oder der Person, die Sie unterstützen soll, nicht ausgerechnet dann, wenn Sie beide müde und gestresst sind. Um Ihr Ziel zu erreichen, müssen Sie beide mit dem Vorhaben einverstanden sein! Die Erfolgswahrscheinlichkeit steigt, wenn Sie unsere Methode konsequent anwenden. Auch wenn Sie das Schlafmuster Ihres Babys auf eigene Weise ändern wollen, wird Ihnen dieser Fragenkatalog nutzen.

Lassen Sie sich die Fragen durch den Kopf gehen und schreiben Sie die Anworten auf, die Ihnen einfallen. Wenn Ihnen weitere Fragen in den Sinn kommen, die für Sie wichtig sind, sollten Sie diese ebenfalls schriftlich festhalten.

Schlafumgebung

Wo soll Ihr Baby in der Zeit der Umstellung schlafen?

_____

_____

_____

_____

Wo sollen Ihre anderen Kinder schlafen?

_____

_____

_____

_____

Soll Ihr Baby demnächst in einem eigenen Bett schlafen?

_____

_____

_____

Schnuller

Falls Ihr Baby einen Schnuller benutzt: Wollen Sie die Verwendung des Schnullers beschränken?

_____

_____

_____

Wie lange wollen Sie beim Zubettgehen warten, ehe Sie Ihrem Baby den Schnuller geben?

_____

_____

_____

Wollen Sie ihm den Schnuller auf einen Schlag abgewöhnen?

_____

_____

_____

Nächtliches Füttern/Stillen

Wollen Sie Ihr Baby in der Nacht füttern/stillen?

_____

_____

_____

Wie wollen Sie vorgehen, wenn Sie es nachts einmal weniger
füttern/stillen möchten?

_____

_____

_____

Beruhigen

Wie lange wollen Sie die Beruhigungstechniken anwenden?

Am Tag?

_____

_____

_____

In der Nacht?

_____

_____

_____

Wer soll für das Beruhigen zuständig sein?

_____

_____

_____

Am Tag?

_____

_____

_____

In der Nacht?

_____

_____

_____

Zu welcher Zeit soll die andere Person übernehmen?

_____

_____

_____

Wer soll sich um Ihre anderen Kinder kümmern, während Sie das Baby beruhigen?

_____

_____

_____

Was Sie für sich tun können

_____

_____

_____

Was wollen Sie zu Ihrer eigenen Unterstützung beim Beruhigen des Babys tun? (Beispielsweise einen Walkman einschalten)

_____

_____

_____

Wer kennt Sie und Ihr Baby so gut, dass Sie mit ihm über Ihr Vorhaben sprechen können? (Beispielsweise Kinderarzt, Familienangehörige, Freunde, Nachbarn)

_____

_____

_____

Was können Sie tun und mit wem können Sie sprechen, wenn Sie frustriert oder genervt sind?

_____

_____

_____

Wer kann einspringen, wenn Sie eine Pause benötigen?

_____

_____

_____

Wie können Sie sich für die erzielten Fortschritte belohnen?

_____

_____

_____

Wochentabelle: Schlaf- und Essrhythmus

Nur zu leicht meint man, wegen seines schlaflosen Babys nachts kein Auge zutun zu können oder dass das Kind ständig weint und gefüttert werden will. Es hilft, wenn Sie sich mithilfe dieser Wochentabelle ein genaues Bild des Schlaf-, Ess- und Wachmusters Ihres Babys verschaffen: So verlieren

	6	7	8	9	10	11	12	13	14	15	16	
Montag												
Dienstag												
Mittwoch												
Donnerstag												
Freitag												
Samstag												
Sonntag												

■ = Das Baby schläft

□ = Das Baby ist wach

F = Das Baby wird gefüttert

Sie in stressigen Phasen nicht so leicht Ihr Ziel aus dem Auge und Sie erkennen klarer die Fortschritte Ihres Babys. Füllen Sie die Tabelle jeden Tag folgendermaßen aus: Um die Zeiten festzuhalten, zu denen Ihr Baby schläft, schraffieren Sie die betreffenden Kästchen. Mit leeren Kästchen zeigen Sie an, wann es wach ist. Wird es gefüttert, tragen Sie in das Feld ein »F« ein. Sie werden schnell dem Muster des Tagesablaufs Ihres Kindes auf die Schliche kommen.

	17	18	19	20	21	22	23	24	1	2	3	4	5

Wochentabelle: Schlaf- und Essrhythmus

	6	7	8	9	10	11	12	13	14	15	16	
Montag												
Dienstag												
Mittwoch												
Donnerstag												
Freitag												
Samstag												
Sonntag												

■ = Das Baby schläft

□ = Das Baby ist wach

F = Das Baby wird gefüttert

	17	18	19	20	21	22	23	24	1	2	3	4	5

Wochentabelle: Schlaf- und Essrhythmus

	6	7	8	9	10	11	12	13	14	15	16	
Montag												
Dienstag												
Mittwoch												
Donnerstag												
Freitag												
Samstag												
Sonntag												

■ = Das Baby schläft

□ = Das Baby ist wach

F = Das Baby wird gefüttert

17	18	19	20	21	22	23	24	1	2	3	4	5

Wochentabelle: Schlaf- und Essrhythmus

	6	7	8	9	10	11	12	13	14	15	16	
Montag												
Dienstag												
Mittwoch												
Donnerstag												
Freitag												
Samstag												
Sonntag												

■ = Das Baby schläft

□ = Das Baby ist wach

F = Das Baby wird gefüttert

merken Sie schon binnen weniger Tage, dass Sie weniger Zeit brauchen.

Man vergisst schnell, wie lange es gedauert hat, bis das Kind (wieder) eingeschlafen ist, und dass die Situation sich verbessert hat. Ein Blick auf diese Übersicht jedoch genügt, und Sie wissen, welche Fortschritte Sie bereits erzielt haben!

	17	18	19	20	21	22	23	24	1	2	3	4	5

24-Stunden-Übersicht: Beruhigungserfolge

Beobachtungszeitraum von 24 Stunden

	6	7	8	9	10	11	12	13	14	15	16	
0												
5												
10												
15												
20												
25												
30												
35												
40												
45												
50												
55												
60												
Total												

Beruhigungszeit in Minuten

	17	18	19	20	21	22	23	24	1	2	3	4	5

24-Stunden-Übersicht: Beruhigungserfolge

Beobachtungszeitraum von 24 Stunden

	6	7	8	9	10	11	12	13	14	15	16	
0												
5												
10												
15												
20												
25												
30												
35												
40												
45												
50												
55												
60												
Total												

Beruhigungszeit in Minuten

	17	18	19	20	21	22	23	24	1	2	3	4	5

24-Stunden-Übersicht: Beruhigungserfolge

Beobachtungszeitraum von 24 Stunden

	6	7	8	9	10	11	12	13	14	15	16	
0												
5												
10												
15												
20												
25												
30												
35												
40												
45												
50												
55												
60												
Total												

Beruhigungszeit in Minuten

	17	18	19	20	21	22	23	24	1	2	3	4	5

Persönliche Notizen

_____

_____

_____

_____

_____

_____

_____

_____

_____

_____

_____

_____

_____

_____

_____

_____

4

Ein bis drei Jahre alte Kleinkinder

Allgemeines Schlafverhalten

Obgleich zugeschnitten auf den Rhythmus von Säuglingen, trifft das Muster »Essen, spielen, schlafen« weiterhin auf Kleinkinder zu, die noch zweimal am Tag schlafen. Wenn wir in diesem Buch von essen, füttern oder Mahlzeiten sprechen, so meinen wir bei Säuglingen, dass sie gestillt werden oder das Fläschchen bekommen, bei älteren Kindern hingegen auch andere Getränke als Milch und feste Nahrung. In der Altersklasse von ein bis drei Jahren nehmen Kinder gewöhnlich wie Erwachsene täglich drei Hauptmahlzeiten ein sowie Zwischenmahlzeiten, die möglichst gesund sein sollten. Viele von ihnen machen neben dem inzwischen langen Nachtschlaf immer noch zwischen den Mahlzeiten ein Nickerchen. Ungefähr im Alter von 15 bis 18 Monaten gewöhnen manche Kinder sich den Vor- und Nachmittagsschlaf ab und begnügen sich stattdessen mit einem Mittagsschlaf.

 Früher hat Penny (sie ist jetzt 15 Monate alt) nachts mehrere Fläschchen Milch getrunken. Seit das nicht mehr der Fall ist, hat sie tagsüber einen prächtigen Appetit.

Meredith

Werden Hunger und Durst Ihres Kindes am Tag gestillt, ist es im Grunde nicht mehr nötig, ihm nachts die Brust, ein Milchfläschchen oder etwas anderes zu trinken zu geben. Haben Sie es bislang nachts noch gefüttert und meinen nun, dass es alt genug ist, darauf zu verzichten, so können Sie die Anzahl der Nachtmahlzeiten nach und nach reduzieren oder diese Gewohnheit gänzlich abstellen. Ihre Entscheidung hängt davon ab, wie oft und wie Sie Ihr Kind zu füttern pflegen. Stillen Sie es nachts häufig, empfiehlt sich ein schrittweises Reduzieren, um Schmerzen in den Brüsten zu vermeiden. Wenn Sie meinen, Ihr Kind sei durstig, oder es dies behauptet, sollten Sie ihm ein wenig Wasser anbieten, und zwar im Becher und zum sofortigen Trinken.

Manche Eltern geben ihrem kleinen Kind zum Einschlafen ein Fläschchen mit ins Bett und eventuell in der Nacht ein bis zwei weitere Fläschchen. Dabei können ein bis drei Jahre alte Kinder durchaus ihre Ess- und Trinkbedürfnisse am Tag stillen und somit nachts ohne Fläschchen auskommen. Außerdem ist ein Fläschchen im Bett nicht ganz gefahrlos: Das Kind kann ersticken und bei gesüßtem Tee oder Milch Karies an den Milchzähnen bekommen. Trinkt es im Liegen, gerät möglicherweise Flüssigkeit in den Gehörgang und verursacht so eine Ohrenentzündung. Nicht zuletzt trainiert sich das Kind Hunger- und Durstgefühle an, von denen es nachts regelmäßig aufwacht.

Das Fläschchen zum Einschlafen kann sich zu einer Schlafassoziation entwickeln. Wenn Sie befürchten, dass Ihr Kind Hunger oder Durst verspürt, sollten Sie ihm das Fläschchen besser vor der Ruhephase geben, die zum Abregen vor dem Zubettgehen dient; so kann es austrinken, ehe es ins Bett schlüpft.

Will man erreichen, dass Kinder dieses Alters besser einschlafen, dann erweist sich ein regelmäßiges Zubettgeh-Muster oder -Ritual als große Hilfe. Versuchen Sie eine Abfolge von Schritten zu entwickeln, die signalisieren, dass es Schlafenszeit ist, und die sowohl Ihrem Kind als auch Ihnen zusagen. Sobald dieses Ritual Institution geworden ist, wird Ihr Kind auf seine Signale reagieren, daheim ebenso wie bei Besuchen im Haus von Freunden und Verwandten. Das Ritual darf sich tagsüber und abends unterscheiden. Für den Nachtschlaf wäre zum Beispiel die Abfolge denkbar: Abendessen, baden, beschaulich spielen, etwas trinken, Zähne putzen, vorlesen, schmusen, ins Bett gehen. Am Tag darf das Ritual etwas kürzer ausfallen: ruhig spielen, vorlesen, schmusen und zu Bett gehen.

Über das Schreien und Weinen

Wie Erwachsene empfinden viele Kinder Veränderungen als störend und erschwerend. Abweichungen von ihren gewohnten Alltagsmustern können sie sich oft nicht erklären. Es ist normal, dass Ihr Kind weint oder schreit, um Ihnen mitzuteilen, dass ihm nicht gefällt, was sich tut. Lernt es sich besser artikulieren, ruft es Sie vielleicht herbei, versucht mit Ihnen verbal zu kommunizieren und stellt sein Weinen und Schreien allmählich ein. Sobald es beginnt, auf Ihre Schlafbotschaften und Beruhigungstechniken anzusprechen, wird sein Verhalten sich Zug um Zug bessern.

Eltern können das Jammern ihres Kindes meist schwer ertragen und setzen ihm durch Nachgeben lieber vorzeitig ein Ende. Indem Sie Ihrem Kind über die schwierige Zeit der Umstellung hinweg helfen und ihm klare Schlafbotschaften vermitteln, lernt es, sich ohne die Hilfe anderer zu beruhigen und einzuschlummern.

Ben isst jetzt nachts nichts mehr und schläft durch. Dafür futtert er tagsüber mehr als jeder andere Zweijährige. Wir sind heilfroh, dass er nicht mehr jede Nacht in unser Bett hopst. Wir können wieder ein eigenes Leben führen und fühlen uns sicherer bei allem, was wir als Eltern tun. Es ist, als hätte man uns eine schwere Last von den Schultern genommen.

Robyn und Brett

Versuchen Sie, das Einschlafen und Schreien aus der Sicht Ihres Kindes zu betrachten. Nehmen Sie das Kind aus dem Bett oder geben anderweitig nach, wenn es sein Schreien und Rufen verstärkt, so helfen Sie ihm damit nicht, allein einschlafen zu lernen. Diesen Lernprozess fördern Sie vielmehr durch beständige Botschaften, die Ihrem Kind unmissverständlich Ihren Wunsch bekunden, dass es schlafen möge. Es kann gut sein, dass Ihr Kind gegen die ihm neue Beruhigungsmethode protestiert, doch das ist oft weniger traumatisch, als wenn es sich völlig erschöpft und griesgrämig wird, weil es stundenlang kein Auge schließen kann. Konzentrieren Sie sich darauf, Ihrem Kind klare Schlafbotschaften zu vermitteln. Wenn Sie durchhalten, wendet sich das Blatt zum Besseren.

Müdigkeitsanzeichen

Ist ein Kind müde oder übermüdet, verhält es sich oft gereizt, überdreht oder nörgelig. Dann fällt ihm das Entspannen schwer und es wehrt sich dagegen, ins Bett gebracht zu werden.

Wir haben begriffen, was Beharrlichkeit heißt: Nacht für Nacht durchhalten, monate- oder gar jahrelang. Aber immerhin haben wir die Ohnmacht von Anarchie und Ärger durch einen konkreten Angriffsplan ersetzt.

Jane

Es ist wichtig, dass Sie auf die Müdigkeitsanzeichen Ihres Kindes achten und es schlafen legen, sobald Sie die Symptome bemerken. Hier einige mögliche Anzeichen:

✗ Das Kind wird anhänglicher. Es sucht Ihre Nähe und will, dass Sie an seiner Stelle Entscheidungen treffen.

- ✗ Es beginnt zu jammern oder zu weinen.
- ✗ Seine Stimmung schwankt zwischen Fröhlichkeit und Weinerlichkeit.
- ✗ Es stellt sich ungeschickter und unvorsichtiger an.
- ✗ Es reagiert langsamer oder dreht im Gegenteil erst recht auf.
- ✗ Es mäkelt am Essen und den Getränken herum.
- ✗ Es reibt sich die Augen, gähnt, zupft an Ohren und Haaren herum.
- ✗ Es wirkt unentschlossen.
- ✗ Es spielt die Erwachsenen gegeneinander aus.
- ✗ Es wird aggressiv.

Ruhephase zum Abregen

Wie Erwachsenen auch, tut es Kindern gut, vor dem Zubettgehen eine Weile in Ruhe auszupendeln.

Damit Ihrem Kind dies gelingt, sollten Sie es nicht mehr anregen und äußere Reize weitestgehend ausschalten. In dieser Zeit können Sie zum Beispiel ein wenig mit ihm schmusen, ihm ein ruhiges Lied vorsingen, eine Geschichte vorlesen, das Zimmer abdunkeln, damit das Kind weniger abgelenkt wird, und es dann schlafen legen.

Es kann gut sein, dass sich Ihr Kind binnen weniger Minuten entspannt. Ist bei Ihnen viel los oder es herrscht Lärm, dauert es eventuell etwas länger, bis Ihr Kind sich abgeregt hat.

Ab ins Bett

Wenn das Zubettgehen für Sie und Ihr Kind eine schöne Zeit ist, werden Sie beide sich darauf freuen. Versuchen Sie so konsequent wie möglich ein Muster einzuhalten.

Ein abendliches Zubettgeh-Ritual

Damit Ihr Kind nachts besser schläft, sollten Sie ein abendliches Ritual einführen. Indem dieses Abend für Abend wiederholt wird, signalisiert es dem Kind, dass es an der Zeit ist,
schlafen zu gehen. Die folgende Abfolge von Schritten mag
als Richtschnur für ein Zubettgeh-Ritual dienen, das sich für
ein Kleinkind eignet:

✗ Abendessen,

✗ waschen oder baden,

✗ ein Milchgetränk anbieten,

✗ Zähne putzen,

✗ das Kind wickeln oder mit ihm die Toilette auf-
suchen,

✗ leise singen, vorlesen und schmusen,

✗ das Kind ins Bett bringen und zudecken,

✗ ihm sein Lieblingskuscheltier geben,

✗ ein paar ruhige Worte austauschen, dem Kind
über den Kopf streichen,

✗ eine gute Nacht wünschen,

✗ unverzüglich das Zimmer verlassen.

Daraufhin schläft Ihr Kind vielleicht friedlich allein ein.
Oder aber es jammert, weint oder schreit gar lautstark.

Die Methode des kontrollierten Tröstens

Kleine Kinder müssen lernen, allein einzuschlafen. Dafür
brauchen viele die Hilfe ihrer Eltern. Als eine äußerst erfolg-
reiche Hilfe hat sich das kontrollierte Trösten erwiesen. Diese Methode ist zugeschnitten auf die Entwicklungsstufe von
ein- bis dreijährigen Kindern; für kleinere Kinder eignet sie
sich nicht. In diesem Alter wissen Kinder, dass Menschen

und Gegenstände nicht zu existieren aufhören, wenn sie außer Sicht geraten. Daher kann man ruhelose Kinder zum Einschlafen jetzt länger allein lassen, ehe man kurz in ihr Zimmer zurückgeht und sie tröstet.

Diese Methode vermittelt dem Kind weder das Gefühl, es werde verlassen, noch die Überzeugung, auf Ihre Gesellschaft 24 Stunden am Tag Anspruch zu haben. Sie sorgt dafür, dass Ihr Kind und damit auch Sie und Ihre gesamte Familie nachts regelmäßig gut schlafen können.

Hat sich Ihr Kind nach einem Zubettgeh-Ritual wie dem oben beschriebenen abgeregt und auf das Schlafen eingestellt, so bringen Sie es in sein Bettchen. Beginnt es zu weinen oder zu schreien, gehen Sie folgendermaßen vor:

- ✗ Sie verlassen das Zimmer und sehen auf die Uhr. Lassen Sie das Kind **2 Minuten** schreien.

- ✗ Weint es nach Ablauf der zwei Minuten immer noch, gehen Sie zu ihm zurück und sagen: »Gute Nacht, es ist Zeit zum Schlafen.« Bleiben Sie **30 bis 60 Sekunden** im Zimmer. Gehen Sie dann ohne Zögern hinaus.

- ✗ Sehen Sie auf die Uhr. Lassen Sie das Kind nun zwei Minuten länger als beim letzten Mal, d.h. **4 Minuten,** allein (siehe Diagramm rechts).

Wiederholen Sie die genannten Schritte so oft wie nötig und verlängern Sie jedes Mal die Wartezeit, in der Sie Ihr Kind allein lassen, um zwei Minuten. Das Maximum beträgt zehn Minuten. Zum Beispiel: 4 + 2 (6 Minuten), dann 6 + 2 (8 Minuten) und 8 + 2 (10 Minuten).

Lassen Sie Ihr unruhiges Kind nicht länger als für jeweils zehn Minuten allein.

Dadurch, dass Sie in Abständen von höchstens zehn Minuten zu ihm zurückkehren, fühlt sich Ihr Kind geborgen und weiß, dass Sie es nicht verlassen. Und es wird Sie hoffentlich (!) langweilig finden, da Sie jedes Mal nur 30 bis 60 Sekunden in seinem Zimmer bleiben. Es mag Ihnen hart er-

Diagramm: Kontrolliertes Trösten
Ablauf bei Kleinkindern ab zwölf Monaten

Anmerkung: *Am Tag können Sie die Methode bis zu einer Stunde lang anwenden; zum Wiedereinschlafen nach vorzeitigem Aufwachen empfehlen wir 30 Minuten. Abends sollten Sie so lange durchzuhalten versuchen, bis Ihr Kind sich beruhigt.*

Müdigkeitsanzeichzen
⇩
Das Kind bettfertig machen
⇩
Schlafumgebung prüfen
⇩
Das Kind ins Bett bringen
⇩

Das Kind ist ruhig
↓
Es schläft

← nein ← Weint oder schreit das Kind? → ja → Sie warten 2 Minuten

⇩

Sie wenden eine Beruhigungstechnik an

Sie beruhigen es 30–60 Sekunden lang

⇩

Beschwichtigen ⟷ Sanftes Klapsen ⟷ Streicheln

Das Kind schreit ← nein ← Ist das Kind still und entspannt? → ja → Das Kind schläft ein

1. Mal: 4 Minuten warten
2. Mal: 6 Minuten warten → Das Kind schreit immer noch — nein —
3. Mal: 8 Minuten warten
4. Mal: 10 Minuten warten

ja

Erwacht das Baby tagsüber nach weniger als einer Stunde, versuchen Sie, es wieder zum Einschlafen zu bringen scheinen, nicht auf sein Schreien zu reagieren, doch versuchen Sie, Ihre Gefühle zu unterdrücken und den Ablauf eher mechanisch durchzuziehen. Vermeiden Sie Augenkontakt. Es geht darum, dass Sie Ihrem Kind unmissverständliche Schlafbotschaften vermitteln und ihm zu verstehen geben, dass Sie jetzt nicht zu seiner Unterhaltung da sind und nicht vorhaben, sich auf langes Besänftigen einzulassen. Verändern Sie Ihren Tonfall und machen Sie deutlich, dass Sie es ernst meinen. Werden Sie nicht ärgerlich! Diese Methode will nicht, dass Ihr Kind dadurch allein einschlafen lernt, dass Sie es ausschimpfen oder seinen Protest völlig ignorieren.

Es ist nicht nötig, in sein Zimmer zurückzugehen, wenn das Kind nach Ablauf der Wartefrist nicht mehr schreit. Manche Eltern machen sich an diesem Punkt Sorgen, vor allem wenn der Beruhigungsprozess längere Zeit in Anspruch genommen hat. Widerstehen Sie der Versuchung, sofort nach dem Kind zu schauen: Es mag jetzt zwar still, aber noch nicht eingeschlafen sein oder noch nicht fest schlafen und daher leicht wieder aufwachen. Das würde die harte Arbeit, die Sie beide geleistet haben, zunichte machen.

Möchten Sie unbedingt nach dem Kind sehen, so warten Sie mindestens 10 bis 15 Minuten. Liegt es auf seinem Bettzeug, können Sie es vorsichtig mit einer anderen Decke zudecken.

Halten Sie sich vor Augen, dass Sie Ihrem Kind helfen, allein einschlafen zu lernen. Wenn Sie bei ihm bleiben, bis es in den Schlaf sinkt, erwartet es möglicherweise, dass Sie dies nach jedem Aufwachen tun. Es ist wichtig, dass Ihre Schlafbotschaften sehr klar sind. Mit der Methode des kontrollierten Tröstens vermitteln Sie Ihrem Kind, dass Sie sich um es kümmern, aber jetzt nicht für Spiele und Gespräche zu haben sind. Bleiben Sie am Ball: Die Ausdauer lohnt.

Wenn es Sie nicht überfordert, können Sie das kontrollierte Trösten bis zu einer Stunde auch am Tag anwenden; wacht das Kind vorzeitig auf, können Sie zum Wiedereinschlafen die Methode bis zu 30 Minuten einsetzen.

Strengt die Prozedur Sie zu sehr an, können Sie sie (abends wie tagsüber) durchaus abbrechen, das Kind beschwichtigen und beim nächsten Zubettgehen einen erneuten Versuch unternehmen. Erfolg braucht Zeit, Ausdauer und Konsequenz. Falls Ihr Kind anfänglich nicht auf die Methode anspricht, sollten Sie nicht aufgeben und meinen, Ihre Mühe sei zwecklos. Bedenken Sie: Ihr Kind soll ein Verhaltensmuster ändern, das ihm seit vielen Monaten oder seit seiner Geburt eigen ist. Und mit Ihrer geduldigen, beharrlichen Anleitung und Unterstützung wird ihm das auch gelingen.

 Jetzt haben wir viel mehr Anlass und Zeit, mit Adam zu lachen und zu schmusen. Wir alle sind viel glücklicher, seit wir genügend Schlaf bekommen und mehr Zeit füreinander haben.

Steve und Voula

Eine besonders behutsame Alternative

Manche Eltern wollen die Schlafschwierigkeiten Ihres Kindes lieber noch behutsamer beheben. Die im Folgenden erklärte Alternative führt ebenfalls zum Ziel, braucht allerdings eventuell mehr Zeit und setzt, wie bei Verhaltensveränderungen stets der Fall, Ihre Beharrlichkeit und Standhaftigkeit voraus.

1. Sorgen Sie für ein angenehmes Zubettgeh-Ritual (siehe S. 147).

2. Erklären Sie Ihrem Kind, dass Sie neben seinem Bett auf einem Stuhl warten werden, bis es eingeschlafen ist. Wenn Sie möchten, können Sie beruhigend eine Hand auf seinen Körper legen. Lassen Sie sich allerdings nicht in Gespräche oder Spiele verwickeln.

3. Sollte es aufstehen, bringen Sie es zurück ins Bett und setzen das Warten fort.

4. Bleibt es im Bett, warten Sie auf dem Stuhl, bis es einschläft. Vermeiden Sie dabei Augenkontakt und Unterhaltungen.

5. Rücken Sie den Stuhl bei jedem Zubettgehen etwas weiter vom Bett weg.

6. Am Ende können Sie getrost mit dem Stuhl das Zimmer verlassen, weil Ihr Kind gelernt hat, sich allein zum Einschlafen zu bringen.

Wichtige Hinweise

✗ Wenden Sie die Methode an, wenn Sie sich sicher sind, dass Sie andere Dinge zurückstellen und sich auf sich und Ihr Kind konzentrieren können.

✗ Beginnen Sie mit dem Vorhaben, wenn Sie wissen, dass Sie es zu Ende bringen können.

✗ Beginnen Sie, Ihrem Kind zu einem besseren Schlafmuster zu verhelfen, wenn es gesund ist.

✗ Achten Sie auf Müdigkeitsanzeichen.

✗ Führen Sie ein Zubettgeh-Ritual ein, das dem Kind hilft, sich auf das Schlafen einzustellen.

✗ Legen Sie vor dem Zubettgehen eine Ruhephase zum Auspendeln ein.

✗ Legen Sie das Kind wach in sein Bett.

✗ Versuchen Sie das Kind tagsüber nur dann zum Wiedereinschlafen zu bringen, wenn es weniger als eine Stunde geschlafen hat.

✗ Machen Sie sich darauf gefasst, dass es ungewohnt sein mag, längere Zeiten ohne das – nun selig schlafende – Kind zuzubringen. Überlegen Sie sich, wie Sie die gewonnene Zeit gern nutzen würden.

✗ Das langfristige Ziel besteht darin, dass Ihr Kind sich ohne Zutun anderer entspannen und (wieder) einschlafen kann.

✗ Konzentrieren Sie sich darauf, Ihrem Kind klare Schlafbotschaften zu vermitteln, und nicht auf sein Jammern und Schreien, denn dieses wird aufhören.

✗ Vergessen Sie nicht, sich um sich selbst zu kümmern.

✗ Seien Sie gewiss: Sie schaffen es!

Spezielle Tricks

Folgende Tipps sind Ihnen bei Ihrem Vorhaben vielleicht eine Hilfe:

✗ Lassen Sie Ihrem Kind begrenzte (!) Wahlfreiheit: Fragen Sie es nicht, ob es ins Bett gehen möchte. Lassen Sie es wissen, dass es bald schlafen geht. Diskutieren Sie nicht über den Zeitpunkt. Lassen Sie ihm stattdessen in einer anderen Angelegenheit die Wahl. Erlauben Sie ihm zum Beispiel, sich eine Gutenachtgeschichte auszusuchen. Machen Sie ab, wie viele Geschichten Sie vorlesen werden!

✗ Vermeiden Sie vor dem Zubettgehen lebhafte Spiele, denn dadurch wird das Kind lediglich überreizt und übermüdet.

✗ Sprechen Sie mit Ihrer Familie über die beabsichtigten Veränderungen. Dies hilft den anderen, die Notwendigkeit einzusehen und Ihr Vorgehen zu begreifen. So werden sie in Ihr Vorhaben einbezogen und eher bereit sein, Sie darin zu unterstützen.

✗ Geben Sie Ihrem Kind bei Fortschritten ein positives Feedback, damit es sich geliebt und geborgen fühlt.

✗ Erlauben Sie Ihrem Kind ein ruhiges Einschlafspiel, bevor Sie es ins Bett bringen. Lassen Sie es zum Beispiel seinen Lieblingsteddy oder seine Lieblingspuppe schlafen legen, ehe es selbst in sein Bett schlüpft.

✗ Sagen Sie Ihrem Kind, dass es nach dem Schlafen etwas Schönes unternehmen darf, zum Beispiel: »Wenn du aufgewacht bist, gehen wir in den Park.« Halten Sie Wort!

Hilfe zur Selbsthilfe

✗ Erstellen Sie einen Organisationsplan (ein Muster finden Sie auf S. 162ff). Dadurch verschaffen Sie sich mehr Klarheit über Ihre Ziele und Strategie. Mitten in der Nacht ist es weit besser, einen ausgearbeiteten Plan zur Hand zu haben, statt erst in einem Buch die betreffende Passage ausfindig machen zu müssen. Wollen Sie Ihr Vorhaben zusammen mit Ihrem Partner verwirklichen, müssen Sie Ihre Zuständigkeiten genau klären. Besprechen Sie das am Tag, nicht in finsterer Nacht!

 Ich habe diese Methode angewandt und eine grundlegende Veränderung bewirkt: Emma schläft nun abends und am Tag allein ein. Ich musste hartnäckig auftreten, aber das war es wert. Manchmal kommt es mir vor, als hätten wir jetzt ein ganz anderes Kind!

Janine

✗ Eine Uhr mit Stunden- und Minutenzeiger hilft Ihnen beim exakten Messen der Zeiten, die Sie bei Ihrem Kind und außerhalb seines Zimmers verbringen. Wenn ein Kind, ob tagsüber oder nachts, schreit, scheint einem die Zeit oft langsamer zu verstreichen, als es tatsächlich der Fall ist.

✗ Wenn das Kind abends und nachts lautstark protestiert, kann die Methode des kontrollierten Tröstens eine harte Belastungsprobe darstellen. Manche Eltern fragen sich, was andere sich wohl denken mögen, wenn ihr Kind so viel schreit. Klären Sie betroffene Freunde, Familienmitglieder und nötigenfalls auch Nachbarn über Ihr Tun auf.

✗ Füllen Sie 24-Stunden-Übersichten (Muster finden Sie am Ende dieses Kapitels) aus. Regelmäßig Buch über die Tage und Nächte zu führen, dies lässt Sie die Verbesserungen des Schlafverhaltens Ihres Kindes sowie die Notwendigkeit, am Ball und konsequent zu bleiben, erkennen und stärkt Ihre Motivation. Halten Sie fest, wann Ihr Kind schläft, indem Sie die Kästchen markieren; schläft es beispielsweise von 13 bis 15 Uhr, schwärzen Sie die betreffenden zwei Felder. Mit leeren Feldern können Sie anzeigen, wann das Kind wach ist und spielt. Notieren Sie, zu welcher Zeit Sie Ihr Kind ins Bett bringen. Legen Sie es um 20 Uhr schlafen und bringen 40 Minuten mit dem kontrollierten Trösten zu, so können Sie die Kästchen mit buntem Stift oder Linien markieren. Das hilft Ihnen, die Fortschritte Ihres Kindes im Auge zu behalten und in den schwierigeren Augenblicken die Flinte nicht ins Korn zu werfen.

✗ Gehen Sie es positiv an.

✗ Belohnen Sie sich für jeden Fortschritt, sei er noch so minimal.

✗ Hören Sie Musik.

✗ Machen Sie Atem- oder andere Entspannungs-übungen.

Passen Sie gut auf sich auf

Wie Erwachsene, so sind auch Kleinkinder Individuen und reagieren daher unterschiedlich auf Veränderungen. Die Erfahrung hat gezeigt, dass die Anstrengung, ein neues Schlafmuster zu etablieren, selten nicht zum Ziel führt. Halten Sie also durch! Das mag Ihnen in manchen Nächten so schwer fallen, dass Sie eine kleine Auszeit benötigen. Sie dürfen die Methode abwandeln, nicht jedoch ihre Grundsätze. Wenn Sie möchten, können Sie die Zeitdauer des Tröstens und Wartens außerhalb des Zimmers verändern. Vielleicht wollen Sie beispielsweise je zweimal dieselbe Wartezeit einlegen (1. Mal: 2 Minuten, 2. Mal: 2 Minuten, 3. Mal: 4 Minuten, 4. Mal: 4 Minuten usw.) oder die Obergrenze des Wartens auf sechs statt zehn Minuten ansetzen. Der Plan, das Schlafverhalten Ihres Kindes zu verbessern, muss für Sie machbar sein. Bedenken Sie jedoch, dass Variationen den Fortschritt verlangsamen können. Das dürfte allerdings besser sein, als aufzustecken.

Strengt das Unternehmen Sie zu sehr an oder bereitet Ihnen ein ungutes Gefühl, dann brechen Sie es ab. Dies ist für die gesamte Familie wichtig. Vielleicht ist es nötig, dass Ihr Partner oder ein Freund einspringt. Oder Sie gelangen zu dem Schluss, dass dies kein günstiger Zeitpunkt für Veränderungen in Ihrem Leben ist oder Sie für Ihr Vorhaben mehr Rückendeckung benötigen. Wie auch immer, halten Sie sich deswegen nicht für eine schlechte Mutter oder einen schlechten Vater. Begreifen Sie es vielmehr als konstruktiven Wink mit dem Zaunpfahl darauf, dass Sie sich mehr um sich selbst kümmern und in der Lage sein müssen, Ihre Grenzen zu erkennen. Das ist für Leib und Seele weit gesünder, als sich zu ärgern oder sich oder das Kind zu strafen.

Wichtig ist es ebenfalls, dass Sie sowohl Ihr Kind als auch sich selbst loben. Sagen Sie ihm, dass es große Fortschritte macht und Sie auf es stolz sind. Vergessen Sie auf keinen Fall, dies auch sich selbst zu sagen!

Es kann geschehen, dass es Sie aus der Bahn wirft, mehr Zeit ohne Ihr Kind zu verbringen. Diese Gefahr besteht vor allem dann, wenn Sie sich daran gewöhnt haben, lange mit Ihrem Kind zusammen zu sein und zu kuscheln, damit es einschläft. Überlegen Sie sich, wie Sie die Zeit, die Sie durch den gesunden Schlaf Ihres Kindes gewinnen, ausfüllen möchten. Und führen Sie sich vor Augen, dass ein ausgeschlafenes Kind in den Wachphasen ausgeglichener und fröhlicher ist, sodass Ihnen das Miteinander noch mehr Freude bereiten wird.

Zusammenfassung

Wenn Sie konsequent eine Beruhigungsmethode anwenden, die der Entwicklungsstufe Ihres Kindes entspricht, können Sie bereits am Ende der ersten Woche eine beachtliche Verbesserung des Schlafmusters verzeichnen. Seien Sie sich allerdings bewusst, dass ein noch größerer Fortschritt etwas länger – manchmal bis zu drei Wochen – auf sich warten lassen kann. Das Verändern eingefahrener Verhaltensweisen braucht nun einmal seine Zeit.

Oft bemerken Eltern auch in anderen Bereichen positive Veränderungen ihres Kindes. Unter anderem entwickeln viele Kinder ein bessere Ess- und Spielverhalten und sind insgesamt umgänglicher.

Krankheiten und familiäre Veränderungen können eine Rückkehr zum gestörten Schlafmuster auslösen; zuweilen ändert sich das Schlafverhalten ohne ersichtlichen Grund. In der Regel wird Ihr Kind sehr schnell positiv reagieren, wenn Sie erneut die Beruhigungstechniken einsetzen.

Das kontrollierte Trösten hat sich in der Praxis als äußerst wirkungsvoll herausgestellt; Ihr persönlicher Erfolg hängt freilich von Ihrer Motivation und Ausdauer ab.

Das Verbessern des Schlafmusters von Kleinkindern ist sicherlich kein leichtes Unterfangen, aber eine lohnenswerte Investition von Zeit und Energie, die allen Betroffenen zu erholsameren Nächten verhilft.

Was tun, wenn? Häufige Fragen von Eltern

Ich fange demnächst wieder an zu arbeiten und gebe mein Kind dann in eine Kindertagesstätte. Worauf soll ich achten?

Sprechen Sie unbedingt mit den Verantwortlichen darüber, dass Sie das Schlafmuster Ihres Kindes dauerhaft verbessern wollen. Manche Tagesstätten mögen bereit sein, Ihre Methode anzuwenden, doch viele werden vorbringen, dass sie sich um zu viele Kinder kümmern müssen. Halten Sie an Ihrem Konzept fest, wann immer Sie selbst Ihr Kind versorgen. Die Methode zeigt schneller und nachhaltiger Wirkung, wenn Sie in der Lage sind, sie einige Tage ohne Unterbrechung anzuwenden. Verbringt Ihr Kind jeden Wochentag in der Tagesstätte, sollten Sie an einem Wochenende mit der Methode beginnen. Der Erfolg mag länger auf sich warten lassen, doch Sie und Ihr Kind werden von Ihrer Geduld und Konsequenz profitieren.

Kann ich mein normales Leben fortführen, während ich das Schlafmuster meines Kindes zu ändern versuche? Oder muss ich in dieser Zeit das Haus hüten?

Am besten ist es, wenn Sie anfänglich einige Tage daheim bleiben und so Ihren Plan konsequent verwirklichen können. Lassen sich Termine außer Haus nicht vermeiden, sollten Sie möglichst Zeiten ausmachen, zu denen Ihr Kind wahrscheinlich wach ist. Versuchen Sie höchstens halbtags unterwegs zu sein, damit Ihr Kind tagsüber zumindest zeitweise zu Hause schlafen kann. Es kann sein, dass das Kind bei der Heimkehr übermüdet ist und Sie etwas länger brauchen, um es zum Einschlafen zu bringen. Können Sie es unterwegs schlafen legen, versuchen Sie die gewohnte Methode anzuwenden. Selbstverständlich wird das nicht immer möglich sein – seien Sie also nicht zu streng mit sich.

Wenn ich mein Kind tagsüber schlafen lege, plappert es mit sich selbst oder steht auf und spielt mit seinen Sachen. Was schlagen Sie mir vor?
Wenn Ihr Kind nicht einschläft, aber einen zufriedenen Eindruck macht, können Sie es eine Stunde oder etwas länger in seinem Zimmer und auf seine Weise ausruhen lassen. Allein spielen und sich die Zeit vertreiben können ist ein wichtiger Lernschritt in der Entwicklung eines Kindes. Seien Sie froh darüber! Wird Ihr Kind aber quengelig, wenn es nicht geschlafen hat, sollten Sie nach ungefähr zehn Minuten in sein Zimmer gehen und ihm klare Schlafbotschaften vermitteln.

Was soll ich tun, wenn mein Kind jedes Mal aus dem Bett steigt und mir folgt, wenn ich das Zimmer verlasse?
Bringen Sie das Kind zurück ins Bett. Sagen Sie mit entschlossener Stimme: »Du musst im Bett bleiben. Sonst bin ich gezwungen, die Tür abzuschließen.« Verlassen Sie den Raum.

a) Daraufhin steigt es erneut aus dem Bett und will mit Ihnen das Zimmer verlassen.
Bringen Sie es zurück ins Bett. Sagen Sie mit fester Stimme: »Du musst jetzt im Bett bleiben. Wenn du wieder aus dem Bett steigst, schließe ich die Tür ab.« Verlassen Sie dann den Raum.

b) Als Sie das Zimmer verlassen wollen, schlüpft es wiederum aus dem Bett und folgt Ihnen nach.

159

Bringen Sie das Kind zurück zu seinem Bett. Sagen Sie in unnachgiebigem Ton: »Du bist aus dem Bett gestiegen. Also muss ich die Tür abschließen.« Verschließen Sie die Tür.

c) Nachdem Sie die Tür verriegelt haben, klettert es aus dem Bett und poltert gegen die Tür.
Halten Sie die fällige Wartezeit des kontrollierten Tröstens ein (z. B. 2 Minuten). Gehen Sie mit dem Kind zusammen zu seinem Bett zurück; tragen Sie es nicht und liebkosen Sie es dabei nicht. Wiederholen Sie das oben beschriebene Verfahren und verlängern Sie die Wartezeit entsprechend den Regeln des kontrollierten Tröstens (siehe S. 147ff).

Es kann nötig sein, dem Kind im Verein mit dem kontrollierten Trösten Grenzen zu setzen. Erklären Sie dem Kind die Regeln inklusive der Konsequenzen. Dies hilft ihm verstehen, welches Verhalten von ihm erwartet wird. Bleibt es nicht in seinem Bett, ist es wichtig, dass Sie die angedrohten angemessenen Konsequenzen ziehen.

Vielleicht schläft Ihr Kind auf dem Boden seines Zimmer ein. Sorgen Sie dann dafür, dass ihm warm genug ist und ihm nichts zustoßen kann. Sobald es fest schläft, können Sie es gegebenenfalls vorsichtig in sein Bett legen oder es am Tag auf dem Boden zudecken. Oder Sie wecken es auf und begleiten es ruhig zurück ans Bett.

Was tun, wenn mein Kind beim Zubettgehen erbricht?
Manche Kinder lernen unbewusst, dass ihnen Aufmerksamkeit geschenkt wird, wenn sie erbrechen. Es ist wichtig, dass Sie fortfahren, Ihrem Kind klare Schlafbotschaften zu übermitteln. Strafen Sie es nicht, wenn es sich übergibt; bleiben Sie ruhig und säubern Sie es in seinem Zimmer. Seien Sie nicht überfürsorglich. Beginnen Sie dann mit dem kontrollierten Trösten. Damit Ihrem Kind nicht so leicht übel werden kann, sollten Sie nach dem Essen und Trinken ungefähr eine Stunde verstreichen lassen, ehe Sie es schlafen legen.

Mein Kind macht unaufhörlich Licht an, wenn es schlafen soll. Was kann ich tun?

Entfernen Sie die Bettlampe und/oder befestigen Sie den Lichtschalter mit Klebeband.

Mein Kind ruft immer wieder: »Ich hab' Durst!« Soll ich ihm etwas zu trinken bringen?
Bieten Sie ihm – in seinem Zimmer! – ein wenig Wasser an, das es sofort zu trinken hat. Nehmen Sie dann den Becher wieder mit.

Mein Kind ruft ständig: »Ich muss mal« oder behauptet, die Windel sei nass. Wozu raten Sie mir?
Wechseln Sie, damit das Kind an seiner »Masche« Interesse verliert, die Windel in seinem Bettchen oder seinem Schlafzimmer, aber strafen Sie es nicht. Muss es zur Toilette, begleiten Sie es ohne Umwege dorthin und sofort zurück in sein Zimmer. Versuchen Sie, dem Vorfall keine übermäßige Aufmerksamkeit zu schenken und keine Streicheleinheiten zu verteilen. Setzen Sie unverzüglich das kontrollierte Trösten fort.

Ich glaube, dass der Schnuller für mein Kind eine Schlafassoziation darstellt. Was kann ich dagegen unternehmen?
Es gibt zwei Ansätze: Erstens können Sie den Gebrauch des Schnullers, wenn Ihr Kind ihn ständig benutzt, auf die Schlafenszeit beschränken. Bedenken Sie allerdings, dass Kinder sprechen lernen, indem sie Laute produzieren; auch wirkt das Fabrizieren von Geräuschen einschläfernd. Ein Schnuller vermag diesen Prozess zu behindern.

Der zweite Ansatz zielt auf die völlige Entwöhnung. Dies lässt sich auf verschiedene Weisen erreichen. Manche Eltern nehmen den Schnuller von heute auf morgen fort, andere tun es nach und nach. Im letzteren Fall geben Sie Ihrem Kind den Schnuller nicht, sobald Sie es ins Bett legen, sondern erst nachdem Sie einige Minuten versucht haben, es zu beruhigen. Sie können dies jedes Mal um ein paar Minuten hinauszögern: Warten Sie zum Beispiel beim ersten Mal zwei, beim nächsten Mal vier Minuten usw., bis Sie feststellen, dass Ihr Kind sich auch ohne Schnuller beruhigt. Wie Sie Ihrem Kind den Schnuller abgewöhnen, hängt ganz von Ihrer Einstellung und Ihrem Gefühl ab.

Es dauert immer länger, bis mein Kind ins Bett findet, und es will immer mehr Gutenachtgeschichten hören. Was empfehlen Sie mir?
Einigen Sie sich mit Ihrem Kind auf eine Anzahl von Geschichten, die Sie ihm vorlesen – und bleiben Sie bei dieser Abmachung, auch wenn Tränen fließen.

 Das Leben ist die helle Freude! Hannah (sie ist 15 Monate alt) schläft jede Nacht zehn bis zwölf Stunden und am Tag zweimal zwei Stunden. Jetzt genießen wir jeden wachen Augenblick mit ihr.

Sam

Organisationsplan

Wir möchten Ihnen empfehlen, über die folgenden Fragen nachzudenken, ehe Sie die Methode des kontrollierten Tröstens in der Nacht und/oder am Tag anwenden. Besprechen Sie sich mit Ihrem Partner oder der Person, die Sie unterstützen soll, nicht ausgerechnet dann, wenn Sie beide müde und gestresst sind. Um Ihr Ziel zu erreichen, müssen Sie beide mit dem Vorhaben einverstanden sein. Die Erfolgswahrscheinlichkeit steigt, wenn Sie konsequent bleiben. Auch wenn Sie das Schlafmuster Ihres Kindes auf andere Weise ändern wollen, wird Ihnen der Fragenkatalog nutzen.

Lassen Sie sich die Fragen durch den Kopf gehen und schreiben Sie die Anworten auf, die Ihnen einfallen. Wenn Ihnen weitere Fragen in den Sinn kommen, die für Sie wichtig sind, sollten Sie diese ebenfalls schriftlich festhalten.

Schlafumgebung

Wo soll Ihr Kind in der Zeit der Umstellung schlafen?

_____

_____

_____

Wo sollen Ihre anderen Kinder schlafen?

_____

_____

_____

Soll Ihr Kind demnächst in ein eigenes Bett umziehen?

_____

_____

_____

Schnuller

Falls Ihr Kind einen Schnuller benutzt: Wollen Sie die Verwendung des Schnullers beschränken?

_____

_____

_____

Wie lange wollen Sie beim Zubettgehen warten, ehe Sie Ihrem Kind den Schnuller geben?

_____

_____

_____

Wollen Sie ihm den Schnuller auf einen Schlag abgewöhnen?

_____

_____

_____

Nächtliches Füttern

Wollen Sie Ihr Kind nachts füttern?

_____

_____

_____

Wie wollen Sie vorgehen, wenn Sie es nachts nicht mehr füttern möchten?

_____

_____

_____

Beruhigen

Wie lange wollen Sie die Beruhigungsmethode anwenden?

Am Tag?

_____

_____

_____

In der Nacht?

_____

_____

_____

Wer soll für das Beruhigen zuständig sein?

_____

_____

_____

Am Tag?

_____

_____

_____

In der Nacht?

_____

_____

_____

Zu welcher Zeit soll die andere Person übernehmen?

_____

_____

_____

Wer soll sich um die Geschwister kümmern, während Sie das Kind beruhigen?

_____

_____

_____

Was Sie für sich tun können

_____

_____

_____

Was wollen Sie zu Ihrer eigenen Unterstützung beim Beruhigen des Babys tun? (Beispielsweise einen Walkman einschalten)

_____

_____

_____

Wer kennt Sie und Ihr Kind so gut, dass Sie mit ihm über Ihr Vorhaben sprechen können? (Beispielsweise Kinderarzt, Familienangehörige, Freunde, Nachbarn)

_____

_____

_____

Was können Sie tun und mit wem können Sie sprechen, wenn Sie frustriert oder genervt sind?

_____

_____

_____

Wer kann einspringen, wenn Sie eine Pause benötigen?

_____

_____

_____

Wie können Sie sich für die erzielten Fortschritte belohnen?

_____

_____

_____

Wochentabelle: Schlaf- und Essrhythmus

Nur zu leicht meint man, wegen seines schlaflosen Kindes nachts kein Auge zutun zu können oder dass das Kind ständig weint oder Hunger hat. Es hilft, wenn Sie sich mithilfe dieser Wochentabelle ein genaues Bild des Schlaf-, Ess-/Trink- und Wachmusters Ihres Kindes verschaffen: So verlieren Sie in

	6	7	8	9	10	11	12	13	14	15	16	
Montag												
Dienstag												
Mittwoch												
Donnerstag												
Freitag												
Samstag												
Sonntag												

■ = Das Kind schläft

☐ = Das Kind ist wach

E = Das Kind isst/trinkt

stressigen Phasen nicht so leicht Ihr Ziel aus dem Auge und Sie erkennen klarer die Fortschritte Ihres Kindes. Füllen Sie die Tabelle jeden Tag folgendermaßen aus: Um die Zeiten festzuhalten, zu denen Ihr Baby schläft, schraffieren Sie die betreffenden Kästchen. Mit leeren Kästchen zeigen Sie an, wann es wach ist. Nimmt es Essen oder Getränke zu sich, tragen Sie in das Feld ein »E« ein. Sie werden schnell dem Muster des Tagesablaufs Ihres Kindes auf die Schliche kommen.

	17	18	19	20	21	22	23	24	1	2	3	4	5

Wochentabelle: Schlaf- und Essrhythmus

	6	7	8	9	10	11	12	13	14	15	16	
Montag												
Dienstag												
Mittwoch												
Donnerstag												
Freitag												
Samstag												
Sonntag												

■ = Das Kind schläft

□ = Das Kind ist wach

E = Das Kind isst/trinkt

	17	18	19	20	21	22	23	24	1	2	3	4	5

Wochentabelle: Schlaf- und Essrhythmus

	6	7	8	9	10	11	12	13	14	15	16	
Montag												
Dienstag												
Mittwoch												
Donnerstag												
Freitag												
Samstag												
Sonntag												

■ = Das Kind schläft

□ = Das Kind ist wach

E = Das Kind isst/trinkt

	17	18	19	20	21	22	23	24	1	2	3	4	5

Wochentabelle: Schlaf- und Essrhythmus

	6	7	8	9	10	11	12	13	14	15	16	
Montag												
Dienstag												
Mittwoch												
Donnerstag												
Freitag												
Samstag												
Sonntag												

■ = Das Kind schläft

□ = Das Kind ist wach

E = Das Kind isst/trinkt

	17	18	19	20	21	22	23	24	1	2	3	4	5

24-Stunden-Übersicht: Tröstungserfolge

Diese 24-Stunden-Übersicht ermöglicht Ihnen, zu erkennen, wie viel Zeit Sie benötigen, um Ihr Kind zum (Wieder)-Einschlafen zu bringen. Wenn alles klappt, bemerken Sie

Beobachtungszeitraum von 24 Stunden

	6	7	8	9	10	11	12	13	14	15	16	
0												
5												
10												
15												
20												
25												
30												
35												
40												
45												
50												
55												
60												
Total												

Beruhigungszeit in Minuten

schon binnen weniger Tage, dass Sie weniger Zeit brauchen. Man vergisst schnell, wie lange es gedauert hat, bis das Kind eingeschlafen ist, und dass die Situation sich verbessert hat. Ein Blick auf diese Übersicht jedoch genügt, und Sie wissen, welche Fortschritte Sie bereits erzielt haben!

17	18	19	20	21	22	23	24	1	2	3	4	5

24-Stunden-Übersicht: Tröstungserfolge

Beobachtungszeitraum von 24 Stunden

	6	7	8	9	10	11	12	13	14	15	16	
0												
5												
10												
15												
20												
25												
30												
35												
40												
45												
50												
55												
60												
Total												

Beruhigungszeit in Minuten

	17	18	19	20	21	22	23	24	1	2	3	4	5

24-Stunden-Übersicht: Tröstungserfolge

Beobachtungszeitraum von 24 Stunden

	6	7	8	9	10	11	12	13	14	15	16	
0												
5												
10												
15												
20												
25												
30												
35												
40												
45												
50												
55												
60												
Total												

Beruhigungszeit in Minuten

	17	18	19	20	21	22	23	24	1	2	3	4	5

24-Stunden-Übersicht: Tröstungserfolge

Beobachtungszeitraum von 24 Stunden

	6	7	8	9	10	11	12	13	14	15	16	
0												
5												
10												
15												
20												
25												
30												
35												
40												
45												
50												
55												
60												
Total												

Beruhigungszeit in Minuten

182

	17	18	19	20	21	22	23	24	1	2	3	4	5

Persönliche Notizen

_____

_____

_____

_____

_____

_____

_____

_____

_____

_____

_____

_____

_____

_____

_____

_____

_____

_____

_____

_____

_____

_____

_____

_____

_____

_____

_____

_____

_____

_____

ICH BRAUCHE JETZT NUR NOCH
12 STUNDEN SCHLAF – UND DU?

Anhang

Mehrlingsgeburten

Es macht einen großen Unterschied aus, ob Sie ein Baby bekommen oder Zwillinge oder noch mehr Kinder auf einmal. Die Sorge für mehr als ein Kind strengt besonders in den ersten drei Jahren körperlich und emotional sehr an.

Sie sollten darüber nicht vergessen, sich um sich selbst zu kümmern. Sehen Sie sich in Ihrem Umfeld nach moralischem und tatkräftigem Beistand um und nutzen Sie ihn.

Viele Eltern trachten nach einem synchronen Ess-, Wach- und Schlafrhythmus der Kinder. Dazu müssen Sie eventuell etablierte Muster und Ihre Vorgehensweisen ändern. Dies kann Sie in Konflikte bringen, speziell wenn ein Baby bereits das erwünschte Muster an den Tag legt und Sie befürchten, jede von Ihnen vorgenommene Veränderung könnte sich nachteilig auf das Verhalten des »ruhigen« Babys auswirken. Vielleicht hilft es Ihnen zu wissen, dass es nur zu üblich und normal ist, wenn sich das ruhige in das »unruhige« Baby verwandelt und umgekehrt: Kinder ändern nun einmal ihre Verhaltens- und Reaktionsweisen, während sie die diversen Entwicklungsstadien durchlaufen. Hilfreich ist es ferner, wenn Sie erkennen und akzeptieren, dass jedes Kind eine einzigartige Persönlichkeit mit ureigenem Temperament und individuellen Bedürfnissen darstellt – und Ihre Erwartungen darauf abstellen.

Für Verbesserungen des Schlafverhaltens von Zwillingen und Drillingen gelten dieselben Grundsätze und Methoden, die wir in diesem Buch vorgestellt haben. Ziehen Sie das Kapitel zu Rate, das die derzeitige Altersstufe Ihrer Sprösslinge behandelt.

Wichtige Hinweise

- ✗ Mit Ausdauer und Konsequenz werden Sie Ihr Ziel erreichen.

- ✗ Überlegen Sie sich, ob Ihre Kinder in einem Zimmer oder in getrennten Räumen schlafen sollen. Manchmal stören Kinder einander, was auf lange Sicht allerdings seltener der Fall ist. Teilen sie ein Schlafzimmer, können sie »simultan« beruhigt und schlafen gelegt werden.

- ✗ Stellen Sie die Bettchen so auf, dass Sie beim Beruhigen mit beiden Kindern gleichzeitig Körperkontakt halten können.

- ✗ Füttern Sie die Kleinen zu selben Zeiten. Dies fördert gemeinsame Spiel- und Schlafenszeiten. Zudem sind Sie so nicht ständig mit dem Füttern beschäftigt und können eher Verschnaufpausen einlegen.

- ✗ Beglückwünschen und belohnen Sie sich für jeden erzielten Fortschritt.

Über den Tweddle Child & Family Health Service

Der Tweddle Child & Family Service hat seinen Sitz in Footscray, einem Vorot von Melbourne, Australien. 1920 begründet, unterstützt er Familien, die Kinder im Alter von bis zu drei Jahren haben.

Seit seinem Bestehen hat Tweddle auf verschiedene Weisen versucht, den sich wandelnden sozialen Bedürfnissen und Erwartungen durch Erneuern und Erweitern seines Dienstleistungsangebots gerecht zu werden. Unverändert festgehalten hat er im Verlauf all dieser Jahre an dem Ziel, das Selbstvertrauen von Eltern zu stärken, damit diese gut für ih-

re kleinen Kinder sorgen und sich an ihrem Familienleben
erfreuen können.

Mit verschiedenen Programmen hilft Tweddle Familien,
Ess-, Schlaf- und andere Verhaltensprobleme von kleinen
Kindern zu überwinden, Stress- und Konfliktsituationen sowie (leichte bis mittelschwere) Fälle von postnataler Depression zu überwinden.

Seine Spezialkenntnisse gibt Tweddle durch ein breites
Serviceangebot weiter, unter anderem im Bildungsbereich
durch Seminare und Workshops für Eltern und Fachleute zu
vielen Themen, die mit dem Familienleben zu tun haben.
Die Beruhigungs- und Schlaftrainingskurse für Familien mit
kleinen Kindern sind äußerst beliebt und haben bereits vielen Eltern geholfen. Ferner offeriert Tweddle ganztägige Pro-
gramme sowie mehrtägige Aufenthalte unter seinem Dach,
bei denen Familien mit bis zu drei Jahren alten Kindern
fachkundigen Rat und Beistand einholen können. Nicht zuletzt befasst sich Tweddle auch im Forschungsbereich mit
den Problemen von kleinen Kindern und ihren Familien.

Nützliche Adressen

Anlaufstellen für Eltern und spezielle Beratungs- und Behandlungsangebote für die »Seelische Gesundheit in der frühen Kindheit«

Deutschland
(nach Postleitzahlgebieten)

0

Institut für Psychologie der Universität Leipzig
(Beratung für Eltern mit Babys und Kleinkindern)
Frau Dipl.-Psych., Dr.phil. Mauri Fries
Universität Leipzig
Institut für Entwicklungspsychologie
Seeburgstr. 14–20
04103 Leipzig
Tel.: 03 41 / 9 73 59 00 oder 9 73 59 22

Iris Regenbogenzentrum
(Für Eltern, deren Babys Schlafstörungen, Still-, Ess- und Schreiprobleme haben)
Schleiermacherstr. 39
06114 Halle
Tel.: 03 45/5 21 12 32
Fax: 03 45/5 21 12 33

Kontaktadresse Mütterzentren Ost
Mütterzentrum Pirna
Grit Lange und Uta Werner
An der Gottleuba I
01796 Pirna
Tel.: 0 35 01 / 44 66 51

1

FABETH/Verein für Familienberatung und Therapie
Dunckerstr. 10
10437 Berlin/Prenzlauer Berg

Dr. Hartwig, Dipl.-Psych. M. Block, Ch. Krausmann
(Kinderärztliche Praxis mit Schwerpunkt »schwierige« Säuglinge und Kleinkinder, Kinder mit Schulschwierigkeiten,

psychomatischen Problemen)
Karl-Marx-Str. 80
12043 Berlin-Neukölln
Tel.: 0 30 / 6 23 87 17

Kunst Musik Räume
(Psychotherapie, Musiktherapie, Gruppenanalyse)
Hornstr. 7–8
10963 Berlin
Tel.: 0 30 / 2 17 24 71
Info: *Katrin Stumptner*

Vom Säugling zum Kleinkind: Beratung für Familien mit Säuglingen und Kleinkindern
Friedrich-Ebert-Str. 4
14469 Potsdam
Träger: IFFE, Institut für Fortbildung, Forschung und Erziehung, Fachhochschule Potsdam
Leiterin: *Prof. Dr. Dipl.-Psych. Christiane Ludwig-Körner*
Tel.: 03 31 / 2 70 05 74 oder 5 80 24 50
Fax: 03 31 / 5 80 24 95
E-Mail: elternbe@fh-potsdam.de

2

Universitätskinderklinik Eppendorf
Abteilung für Kinderpsychosomatik, Pav. 62
Martinistr. 52
20246 Hamburg
Tel.: 0 40 / 47 17 - 45 85
(*Dr. med. Carola Bindt*)
Tel.: 0 40 / 47 17 - 37 32
(*Dr. med. Tamara Jacubeit*)

Beratungsstelle für Eltern, Kinder und Jugendliche
Dr. C. J. Suess
Ludolfstr. 67
20249 Hamburg
Tel.: 0 40 / 46 67 - 24 84

»Menschenskind«
(Beratungsstelle für Eltern mit Säuglingen und Kleinkindern)
Dipl.-Psych. Renate Barth
Elsässer Str. 27a

22049 Hamburg
Tel.: 040/65 20012

Mütterzentren Bundesverband e.V.
Müggenkampstr. 30 a
20257 Hamburg
Tel.: 0 40 / 40 17 06 06
Fax: 0 40 / 4 90 38 26

**Aufbau von Selbsthilfegruppen für
Eltern von Schreibabys (Kontaktbörse)**
Jutta Riedel-Henck
Schulstr. 10
27446 Deinstedt
Tel.: + Fax: 0 42 48 / 3 95

**Frühberatungsstelle im Haus der
Familie**
Hinter den Ellern 13
28309 Bremen-Hemelingen
*Inge Beyersmann (Psych.), Christina
Fiebig (Soz.-Päd.)*
Tel. 04 21 / 49 88 360
Dr. Käte Aldag (Kinderärztin)
Tel.: 04 21 / 4 17 00 81

**Psychologische Beratungsstelle,
Landkreis Celle**
Dr. Gisela Lösche
Denickestr. 110 b
29225 Celle
Tel.: 0 51 41 / 4 20 63

3
Sozialpädiatrisches Zentrum Hannover
Janusz-Korczak-Allee 8
30173 Hannover
Tel.: 05 11 / 81 15 - 7 39

**Kinderschutzbund: Kontaktstelle für
Eltern mit Kleinkindern**
Niedernstr. 40
31655 Stadthagen
Tel.: 0 57 21 / 7 24 74

Schreibaby-Sprechstunde
Gottfried Leitenberger
Arzt für Kinder- und Jugendpsychi-
atrie/Psychotherapie
Deckertstr. 53

33617 Bielefeld
Tel.: 05 21 / 15 07 61
Fax: 05 21 / 15 07 32

Beratungs- und Therapieangebote
Dr. med. Dorothee Messer-Besmens
Ärztin für Kinder- und Jugend-
psychiatrie und Psychotherapie
Teichweg 1
37085 Göttingen
Tel.: 05 51 / 4 40 03

Mütterbüro Niedersachsen
Erikastr. 11
38259 Salzgitter
Tel.: 0 53 41 / 39 21 21

4
Frühförderung der Lebenshilfe e.V.
S. Bewersdorff (Dipl.-Heilpäd.)
Otterstr. 180
40589 Düsseldorf
Tel.: 02 11 / 75 78 80

**Baby & Co:
Beratung für neugeborene Familien**
*Maja Golak (Dipl.-Päd.), Karin Giesser-
Kroker (Analytische Kinder- und
Jugendlichen-Psychotherapeutin)*
Alte Landstr. 34
40489 Düsseldorf
Tel.: 0 21 02 / 70 92 55

**Sozialpädiatrische Praxis
Dr. med. Helga Peteler**
Fachärztin für Kinderheilkunde/
Psychotherapie
Kantstr. 20
41464 Neuss
Tel.: 0 21 31 / 94 01 31
Fax: 0 21 31 / 94 00 69

St.-Vinzent-Hospital
Frau Dr. Gervers
Dr. Otto Seidel Str. 31–33
46535 Dinslaken

**PEKiP e.V./
Prager Eltern-Kind-Programm**
Heltorfer Str.71

47269 Duisburg
Tel.: 02 02 / 71 23 30

**Familientagesklinik und
Poliklinik für Säuglinge,
Klein- und Vorschulkinder
von 0 bis 7 Jahren**
Schmeddingstr. 50
48149 Münster
Tel.: 02 51 / 8 35 67 01
Fax: 02 51 / 8 35 62 49

Mütterbüro Nordrhein-Westfalen
Birgit Unger, Andrea Bading-Gust
Lange Str. 92
44137 Dortmund
Tel.: 02 31 / 16 21 32

Ärztliche Kinderschutzambulanz
Hüfferstr. 18
48149 Münster
Tel.: 02 51 / 4 18 54 26
Fax: 02 51 / 4 18 54 11

**Dipl.-Pädagogin und Musik-
therapeutin Sabine Hintz**
Franz-von-Waldeckstr. 17
48167 Münster
Tel.: 0 25 06 / 34 90
Fax: 0 25 06 / 30 22 77

**Marien-Hospital GmbH /
Sozialpädiatrisches Zentrum SPZ**
*Dr. U. Raupp (Kinderarzt, Kinder- und
Jugendpsychiatrie, Psychotherapie,
Allergologie)*
Beratungs- und Therapieangebote für
den Bereich »Seelisch gesund in der
frühen Kindheit«
Pastor-Janßen-Str. 8–38
46483 Wesel
Tel.: 02 81 / 1 04 16 70

**Deutscher Kinderschutzbund/
Landesverband
Nordrhein-Westfalen e.V.**
Domagkweg 8
42109 Wuppertal
Tel.: 02 02 / 75 44 65
Fax: 02 02 / 75 53 54

5

»Sprechstunde für Schreibabys«
Kinderkrankenhaus der Stadt Köln
*Dr. Irmgard Schmidt,
Dr. Robert Winkler*
Amsterdamer Str. 59
50735 Köln
Tel.: 02 21 / 7 77 41

**Klinik und Poliklinik
für Kinderheilkunde
der Universität zu Köln**
Josef-Stelzmann-Str. 9
50924 Köln
Tel.: 02 21 / 4 78 - 44 49, - 43 81

**Zentrum für Frühbehandlung und
Frühförderung e.V.**
Geilenkircher Str.52
50933 Köln
Tel.: 02 21 / 49 52 07 und 49 19 77
Fax: 02 21 / 4 97 16 31

Michael Naumann-Lenzen
Kinder- und Jugendlichenpsychothe-
rapeut
Kurhausstr.32
53773 Hennef
Tel.: 0 22 42 / 8 65 66

Psychologische Beratungsstelle
Margit Klein
Friedrich-Ebert-Str. 11
55286 Wörrstadt
Tel.: 0 67 32 / 91 83 35

Annette Morawietz-Schäfer
Psychologische Praxis für Kinder und
Jugendliche
Mainzer Str. 57–59
55411 Bingen
Tel.: 0 67 21 / 1 28 38

**Ärztliche Beratungsstelle
der Kinderklinik Lüdenscheid**
Brigitte Beching-Bette
Hochführstr. 25
58509 Lüdenscheid
Tel.: 0 23 51 / 46 39 15

Elternschule St.-Franziskus-Hospital
59227 Aachen
Tel.: 0 23 82 / 85 83 21

Antje Bansi
Praxis für Früherziehungsberatung
Iserlohnerstr. 40
59423 Unna
Tel.: 0 23 03 / 2 21 63

Elternschule des EVK
Marianne Künstle
Holbeinstraße 10
59423 Unna
Tel.: 0 23 03 / 10 61 91

Elternschule Katharinen-Hospital
Christiane Kötter-Lietz
Obere Husemannstr. 2
59423 Unna
Tel.: 0 23 03 / 1 002 8 48

6

**Ambulante Beratung und Therapie
für Eltern mit Säuglingen und
Kleinkindern**
Institut für Medizinische Psychologie
am Klinikum der
J.W.-Goethe-Universität
Dr. phil. Éva Hédervári-Heller,
Dr. phil. Martin Dornes
Beratungsstelle Sandhöfer Allee 2,
Haus 56
60590 Frankfurt/Main
Tel.: 0 69 / 63 01 - 63 08
Fax: 0 69 / 63 01 - 76 06

**Frühförderstelle der Lebenshilfe
Frankfurt**
Ansprechstelle für exzessiv schreiende
Säuglinge
Frau Ruster
Tel.: 0 69 / 97 58 70 40

Hessisches Mütterbüro
Bahnstr. 39
63225 Langen
Tel.: 0 61 03 / 2 82 34

Elternberatung Oberursel
Beratungsstelle für Mütter und Väter
von Säuglingen und Kleinkindern
Hospitalstr.9
6370 Oberursel
Tel.: 0 61 71 / 58 53 58
Fax: 0 61 71 / 58 53 59

**»Orte für Kinder« im Mütterzentrum
Eva Orth**
Emilstr. 26
64293 Darmstadt
Tel.: 0 61 51 / 29 52 00

Familienzentrum Haus Guk
Kontaktadresse für Rheinland-Pfalz
Beate Mund
Am Rathaus 12
66849 Landstuhl
Tel.: 0 63 71 / 6 32 41

**Kinderzentrum/Ambulanz
zur Frühförderung**
Karl-Locher-Str.8
67071 Ludwigshafen
Tel.: 06 21 / 67 00 50

**Frühförderstelle für Säuglinge und
Kleinkinder**
Emilienstr. 20
68623 Lampertheim
Tel.: 0 62 06 / 1 24 54

**Sonderpädagogisches Beratungszen-
trum zur Früherfassung und
Frühbetreuung behinderter Kinder**
(Nicht auf behinderte Kinder be-
schränkt)
Friedrich-Ebert-Anlage 51c
69117 Heidelberg
Tel.: 0 62 21 / 9 76 40
Fax: 0 62 21 / 8 07 34

**Bundesverband
»Das frühgeborene Kind« e.V.**
Von-der-Tann-Str. 7
69126 Heidelberg
Tel.: 0 62 21 / 3 23 45
Fax: 0 62 21 / 37 39 91

**Ambulante Beratung und Therapie
für Eltern mit Säuglingen**
Abteilung für Psychosomatische
Kooperationsforschung und
Familientherapie des Universitäts-
klinikums Heidelberg
Bergheimer Str. 54
69115 Heidelberg
*Astrid Cierpka, Dr. med. Eva Möhler,
Prof. Dr. med. Franz Resch,
Prof. Dr. med. M. Cierpka*
Tel.: 0 62 21 / 56 - 47 01
oder 0 62 21 / 97 - 04 15
Fax: 0 62 21 / 56 - 47 02
oder 0 62 21 / 97 - 04 41

7

**Mütterforum Baden Württemberg
e.V.**
Andrea Laux
Bismarckstr. 55/I
70197 Stuttgart
Tel./Fax: 07 11 / 6 36 17 64

Hebammenpraxis Stuttgart-Mitte
Sabine König
Beratung im ersten Lebensjahr, PEKiP,
Vorbereitung auf die Elternschaft
Hauptstätter Str. 54 a
70178 Stuttgart
Tel.: 07 11 / 8 89 33 96

»Schreibabysprechstunde«
Regina Sander
Praxis für frühkindliche Regulations-
störungen
Rathausstraße 33
74321 Bietigheim-Bissingen
Tel.: 0 71 42 / 22 14 17
Fax: 0 71 42 / 22 14 25
E-Mail: reg.sander@gmx.de
Weitere Infos: info@schreibaby.de
http://www.schreibaby.de

Pro Familia
Ingrid Löbner
Hechingerstr. 8
72072 Tübingen
Tel.: 0 70 71 / 3 41 51

**Klinik für Kinderneurologie
und Sozialpädiatrie**
Kinderzentrum Maulbronn,
Frau Kunde-Trömner
Knittlinger Steige 21
75433 Maulbronn
Tel.: 0 70 43 / 1 60 und 1 61 05
E-Mail: Klinik@Kize.de

**Dr. Barbara Schmidt-Lahr
(Kinderärztin)**
SPZ der Kinderklinik Konstanz
Luisenstr. 7
78461 Konstanz
Tel.: 0 75 31 / 8 01 - 16 74

8

Gisela Lenz
Musiktherapie für »Schreibabys«
Goethestr. 54/Rgb.
80336 München

Dr. von Hauner's Kinderspital
Entwicklungsneurologische
Untersuchungs- und Beratungsstelle
Lindwurmstraße 4
80377 München

Frühförderstelle I
Plinganserstr. 26/II
81369 München
Tel.: 0 89 / 77 16 67
Fax: 0 89 / 76 77 36 86

**Münchner Sprechstunde für
Schreibabys**
Kinderzentrum München
Heiglhofstr. 63
81377 München
Tel.: 0 89 / 7 10 09 - 3 30
Fax: 0 89 / 7 10 09 - 3 69

**SOS-Kinderzentrum/
Interdisziplinäre
Frühförderung**
Treffpunkt für Familien
Parkstr. 8
82467 Garmisch-Patenkirchen
Tel.: 0 88 21 / 28 11 und5 28 31
Fax: 0 88 21 / 94 77 20

Mania-Brigitte Struve
Beratung PEKiP, Tragetuch
Kärntner Weg 6
83024 Rosenheim
Tel.: 0 80 31 / 28 90

Erziehungsberatungsstelle
Dr. P. Kitkenhaus
Gabelsberger Str.
85057 Ingolstadt

Frühförderung Freising
Untere Domberggasse 2
85354 Freising
Tel.: 0 81 61 / 38 24

Vera Eder
Babymassage, Rückbildung, Beratung
Angerweg 31
86938 Schondorf
Tel.: 0 81 92 / 12 87

**Ambulanz für Kinder- und Jugend-
psychiatrie und Psychotherapie**
Universitätsklinikum Ulm,
Dr. K.H. Brisch
Frauensteige 14 a
89081 Ulm
Tel.: 07 31 / 5 02 - 77 98

9
Frau Angelika Marmulla
Praxis für Ergotherapie
Dr.-Gessler-Str. 12 a
93051 Regensburg
Tel.: 09 41 / 99 30 50
Fax: 09 41 / 99 30 51

**Babys und Kleinkinder mit
Entwicklungsproblemen, Schlaf-,
Schrei- und Ess-Störungen**
Frühdiagnosezentrum,
Prof. H. M. Straßburg
J.-Schneider-Str. 2
97080 Würzburg

Karin Lenz (Dipl.-Psych.)
Psychologische Praxis für Mutter und
Kind
Domweg 8

97084 Würzburg
Tel.: 09 31 / 61 31 75

A-Österreich
(nach Postleitzahlgebieten)

Eltern-Kind-Zentrum Wien
Rosensteingasse
1080 Wien

**Entwicklungsambulanzen der Stadt
Wien**
Gellertgasse 42
1100 Wien
Tel.: 01 / 6 04 35 84

**Neurologie für Kinder und
Jugendliche mit Behinderten-
zentrum Rosenhügel**
Prim. Berger, Dr. Sabine Fiala
Riedelg. 5
1130 Wien
Tel.: 01 / 8 80 00 / 3 39

**Psychiatrische Universitätsklinik
Wien/Psychische Gesundheit vor
und nach der Geburt**
*Prof. Dr. Gerhard Lenz, Dr. Claudia
Klier, Dr. Maria Muzik*
Tel.: AKH-Wien 01 / 4 04 00 - 23 21

Institut für Entwicklungsdiagnostik
Leitung Dr. Leisgang
Märzstr. 122
1150 Wien

ARGE Frühförderung Wien
Camillo-Sitte-Gasse 6
1160 Wien
Tel.: 01 / 9 82 81 30

**Zentrum für Fütterungs-, Schlaf-
und Schreiprobleme**
Wilhelminenspital, Kinderinterne
Abt. mit Psychosomatik
*Frau Dr. Schwarz-Gerö, Dr. Christine
Rankl*
Montleartstr. 37
1160 Wien
Tel.: 01 / 49 1 50 / 22 92

195

Schreiambulanz
Krankenhaus Mödling
Leitung Dr. Paky
2340 Mödling

**Sprechstunde für Schrei-, Gedeih-
und Ess-Störungen**
Kinderspital, *Dr. L. Thun-Hohenstein*
Müllner Hauptstr. 48
5020 Salzburg

**Mutter-Kind-Station und Ambulanz
für Schrei- und Gedeihstörungen**
Klin. Psychologie und Psychotherapie
am Kinderspital Salzburg
Christa Wienerroither
5020 Salzburg

Ornella Garbani
Psychotherapeutische Praxis
Beratung für Familien, Sprach- und
Entwicklungsstörungen
Griesgasse 7
A-5020 Salzburg
Tel.: 06 62 / 84 55 20

**Universitätsklinik für Kinder- und
Jugendheilkunde**
Anichstr. 35
6020 Innsbruck

**Beratungsstelle Privatordination für
interakt. Probleme in der frühen
Kindheit**
*Prof. Dr. med. Marguerite Dunitz-
Scheer*
Kerschhoferweg 14
8010 Graz
Tel. und Fax: 03 16 / 32 15 68
E-Mail: Marguerite.Dunitz@Klini-
kum-graz.at

**GAIMH: Gesellschaft für Seelische
Gesundheit in der frühen Kindheit
e.V.**
(Deutschsprachige Tochtergesellschaft
der World Association for Infant
Mental Health / WAIMH)
Geschäftsstelle:
Univ.-Klinik für Kinder- und Jugend-
heilkunde

Univ. Prof. Dr. med.
Marguerite Dunitz-Scheer
A-8036 Graz, Österreich
Tel.: 03 16 / 3 85 - 37 59
Fax: 03 16 / 3 85 - 37 54
E-Mail: gaimh@klinikum-graz.at
Internet: http://www.gaimh.de

**Pädiatrische Psychosomatik und
Psychotherapie**
Abt. Allgemeine Pädiatrie der Univer-
sitätsklinik für Kinder- und Jugend-
heilkunde
8036 Graz
Tel.: 03 16 / 3 85 - 26 79
Fax: 03 16 / 3 85 - 37 54
E-Mail: Marguerite.Dunitz@Klini-
kum-graz.at
E-Mail: PETER.SCHEER@KFUNI-
GRAZ.AC.AT

**LKH Klagenfurt Abt. für Kinder- und
Jugendneuropsychiatrie**
St. Veiter Straße 47
9020 Klagenfurt
Tel.: 04 36 / 5 38 - 25 16

CH-SCHWEIZ
(nach Postleitzahlgebieten)
Netzwerk Väter-Arbeit (MBB)
Andreas Borter, BFF BERN
Postfach
3001 Bern
Tel.: 0 31 / 3 84 34 82

**Kinder- und Jugendpsychiatrische
Universitätsklinik und -poliklinik**
Schaffhauserrheinweg 55
4058 Basel

**Kinder- und Jugendpsychiatrischer
Dienst**
Frau Dr. med. M. Fry
Rätusstr. 7
7000 Chur

Kontaktstelle für Kleinkindfragen
Brigitte Saurenmann
8330 Pfäffikon
privat: Arminstr. 16, 8050 Zürich

Kanton Zürich: Kontaktstellen für Kleinkindfragen für Familien mit Kindern im Alter von 0–6 Jahren
Dr. med. Fernanda Pedrina, Kinder- und Jugendärztin, FMH, Psychoanalytikerin
Beethovenstr. 49
8002 Zürich
Tel.: 01 / 2 01 44 59

Mütter- & Väterberatung der Stadt Zürich
Konradstr. 58
8005 Zürich

Kinderspital Zürich, Abt. Wachstum und Entwicklung
Prof. Dr. med. Remo Largo
Steinwiesstraße 75
8032 Zürich
Tel.: 01 / 2 66 71 11
Fax: 01 / 2 66 71 71

Jugendamt des Kantons Zürich/ Zentralstelle Kleinkindberatung
Schaffhauserstr. 78
8090 Zürich

»Mobile« Beratungs- und Kontakt- stelle für Eltern mit Kleinkindern in St. Gallen
Daniela Paci, Gesundheitsschwester, Mütter- und Väterberatung
Burggraben 25 a
9000 St. Gallen
Tel.: 0 71 / 2 23 61 65
Fax: 0 71 / 2 23 61 71

Weitere Anschriften:

Arbeitsgemeinschaft freies Stillen
AFS-Geschäftsstelle
Gertraudgasse 4
97070 Würzburg
Tel.: 09 31 / 57 34 93
Fax: 09 31 / 57 34 94

stillen.de
Internet-Informationsdienst zur Lakta- tionsberatung in Deutschland

Trostreich/Selbsthilfeinitiative für Familien mit »Schrei-Babys«
Jutta Riedel-Henck
Schulstr. 10
D-27446 Deinstedt
E-Mail: trostreich@kompost-verlag.de

Literaturhinweise

Allgemeines

Biddulph, Steve: *Jungen! Wie sie glücklich heranwachsen. Warum sie anders – und wie sie zu ausgeglichenen, liebevollen und fähigen Männern werden.* Beust Verlag, München 2000

Biddulph, Steve: *Das Geheimnis glücklicher Kinder. Die neue Generation von Elternratgebern.* Beust Verlag, München 1998

Biddulph, Steve: *Weitere Geheimnisse glücklicher Kinder. Die neue Generation von Elternratgebern.* Beust Verlag, München 1998

Biddulph, Steve: *Wie die Liebe bleibt. Über die Kunst ein Paar und Mann und Frau zu sein.* Beust Verlag, München 1998

Chilton, Howard: *Das praktische Baby-Buch. Alles Wichtige für die ersten drei Monate.* Beust Verlag, München 1999

Clark Linda / Ireland Catherine: *Sprechen lernen – lernen durch Sprechen.* Beust Verlag, München 1995

Crotti, Evi/Magni, Alberto: *Die geheime Sprache der Kinder. Kinderzeichnungen richtig deuten.* Beust Verlag, München 1999

Darvill, Wendy / Powell, Kelsey: *Wie kläre ich mein Kind auf.* Beust Verlag, München 2000

Haslam, David: *Jedes Kind will essen. Wie man den täglichen Kampf bei Tisch vermeidet.* Beust Verlag, München 2000

Hillis, Anne/Stone, Penelope: *Lecker, lecker, lecker! Von der Muttermilch zum Kindermenü – gesunde Ernährungstips und schmackhafte Rezepte.* Beust Verlag, München 1999

Largo, Remo H.: *Babyjahre. Die frühkindliche Entwicklung aus biologischer Sicht. Das andere Erziehungsbuch.* Piper, München 1997

Pudney, Warwick / Cotrell, Judy: *Das Väterhandbuch zu Schwangerschaft und Geburt.* Beust Verlag, München 1999

Steede, Kevin: *Die zehn goldenen Regeln guter Eltern.* Beust Verlag, München 2000

Stuedahl, Reidunn: *Ein Glück, daß es Oma und Opa gibt. Warum Großeltern und Kinder so wichtig füreinander sind.* Beust Verlag, München 1999

Sears, William: *Das »24-Stunden-Baby«. Kinder mit starken Bedürfnissen verstehen.* La Leche Liga Schweiz, 1998

Tomatis, Alfred: *Klangwelt Mutterleib. Die Anfänge der Kommunikation zwischen Mutter und Kind.* Kösel, München 1996

van den Speulhof, Barbara / Lehmann, Frédéric: *Heilende Geschichten. Worte zum Wachsen.* Beust Verlag, München 2000

Schreibabys und -kinder

Kitzinger, Sheila: *Wenn mein Baby weint. Praktische Hilfen und Informationen für Eltern.* Kösel, München 1990.

Nussbaum, Margret: *Wie unser Schreibaby Ruhe findet. Tipps und Ratschläge für betroffene Eltern.* Pattloch, 1998

Riedel-Henck, Jutta: *Weinendes Baby – ratlose Eltern. Wie Sie sich und Ihrem »Schrei-Baby« helfen können.* Kösel, München 1998

Salis, Bettina: *Warum schreit mein Baby so? Hilfen für Schreibabys und ihre Eltern.* Rowohlt, Reinbek 2000

Solter, Aletha J.: *Warum Babys weinen. Die Gefühle von Kleinkindern.* Kösel, München 1987

Weigert, Vivian: *Warum schreit mein Baby?* Mosaik, München 1999

Mehrlingsgeburten

Bryan, Elizabeth: *Zwillinge, Drillinge und noch mehr … Praktische Hilfen für den Alltag.* H. Huber, Göttingen 1994

Gratkowski, Marion von: *Zwillinge. Wie Sie mit ihnen fertig werden, ohne selbst fertig zu sein.* Trias, Stuttgart 1999

Hauenschild, Lydia: *Zwillinge. Die doppelte süße Last. Ein Ratgeber für die Monate vor und nach der Geburt.* Buchverlag Frau, Leipzig 1998

Muth-Diekmann, Birgit: *Fläschchen für zwei. Eine Zwillingsmutter erzählt.* Econ, München 1996

Schröter: *Mehrlingsschwangerschaft und Mehrlingsgeburt.* Thieme, Stuttgart 2000

Entspannung

Kirkilionis, Evelin: *Ein Baby will getragen sein. Alles über geeignete Tragehilfen und die Vorteile des Tragens.* Kösel, München 1999

Leboyer, Frédérick: *Sanfte Hände. Die traditionelle Kunst der indischen Baby-Massage.* Kösel, München 1997

Postnatale Depression

Dunnewold, Ann und Goldstein-Sanford, Diane: *»Ich würde mich so gerne freuen.« Verstimmungen und Depressionen nach der Geburt.* Trias, Stuttgart 1996

Geisel, Elisabeth: *Tränen nach der Geburt. Wie depressive Stimmungen bewältigt werden können.* Kösel, München 1997

Gmür, Pascale: *MutterSeelenAllein. Erschöpfung und Depression bei jungen Müttern.* Herder, Freiburg 1998

Register

Steve Biddulph
Das Geheimnis glücklicher Kinder

Dieser in seiner Art einmalige
Elternratgeber stellt
psychologische Sachverhalte so
klar und verständlich dar wie nie
zuvor.

Süddeutscher Rundfunk
»*Der beste Erziehungs-
Ratgeber seit langem. Ein
wunderbares Buch für
"Praktiker", dem es gel-
ingt, mit "Aha"-Erleb-
nissen bei der Lektüre wirklich weiterzuhelfen.*«

Eltern erhalten tatsächlich praktische Handlungsanleitungen, um mit
ihrem Nachwuchs wieder fröhlicher, konfliktfreier und entspannter
umgehen zu können. Sie erfahren, was wirklich in den Köpfen der Kinder
vor sich geht – und wie man am besten darauf reagiert.
Der Geniestreich von Steve Biddulph wurde in 15 Sprachen übersetzt und
findet immer mehr begeisterte Leser von China bis Südafrika, von England
bis hin zu Israel. Den »wahrscheinlich meistverkauften Elternratgeber der
Welt« würde der Deutsche Kinderschutzbund am liebsten zur Pflichtlektüre
aller neuen Eltern machen.
Die Erfolgsgeschichte dieses Buches hat erst begonnen.

Paperback   199 S.   77 farb. Illustr.   15 x 23 cm
DM 26,80   SFr 25,00   ÖS 196,00   E 13,70   ISBN 3-89530-000-4

Barbara van den Speulhof, Fréderic Lehmann
Heilende Geschichten

Wenn Erwachsene mit ihrem Erziehungslatein am Ende sind, dann bedarf es oftmals einer anderen Sprache: der des Geschichtenerzählens.

Denn Kinder lieben Geschichten über alles, klingt in ihnen doch eine Kunst an, die so alt ist wie die Menschheit selbst.

Mit diesem Buch kann der Leser das Geschichtenerzählen neu erlernen. Es enthält Geschichten zum Vorlesen oder Nacherzählen und Geschichten, für die jedesmal ein anderer Fortgang gesucht wird.

Die Autoren Barbara van den Speulhof und Fréderic Lehmann sind beide erfahrene Pädagogen und Kommunikationstrainer. Sie zeigen in erfrischend klarer Weise, wie Sprache auf Kinder wirkt und wie sie hilfreich in Form von Geschichten oder Metaphern eingesetzt werden kann.

In diesem Buch dient der erhobene Zeigefinger nur dazu, auf den leuchtenden Sternenhimmel oder die gen Süden fliegenden Kraniche zu zeigen.

Doch das ist ja schon der Anfang einer neuen Geschichte ...

Paperback   160 S.   35 vierfarb. Fotos   15 x 23 cm
DM 26,80   SFr 25,00   ÖS 196,00   E 13,70   ISBN 3-89530-024-1

Reidunn Stuedahl
Ein Glück, daß es Oma und Opa gibt!

Die Beziehung zwischen Großeltern und Enkelkindern ist für
beide Teile von viel größerer
Bedeutung als gemeinhin
angenommen wird.

Die norwegische Psychotherapeutin und Pädagogin Reidunn Stuedahl,
selbst Großmutter, schildert, eingebettet in viele Geschichten und Zitate,
was Nähe und vertrauter Umgang für beide Seiten bewirken können. Frei
von Erziehungspflichten können die Großeltern das Beisammensein mit
den Enkeln genießen und ihnen helfen, ihren eigenen Weg auch in
Problemlagen zu finden.
Großeltern sind nicht nur willkommene Babysitter und Helfer bei Eltern-
überlastung. Dieses Buch zeigt auf, dass es auch eine eigenständige
Beziehung zwischen Oma, Opa und den Enkeln gibt. Für beider seelischen
Haushalt spielt der andere eine lebensnotwendige Rolle.
Besonders illustrieren dies Passagen, die beschreiben, wie Kinder und Großeltern unter dem Abbruch der Beziehungen leiden, was Großeltern
für Kinder geschiedener Eltern bedeuten – und wie es Großeltern trifft,
wenn sie ihre Enkel und Enkelinnen nie zu Gesicht bekommen haben
(z.B., weil das eigene Kind nicht das Sorgerecht erhalten hat).

Paperback   192 S. 45 farb. Ill./Fotos   15 x 23 cm
DM 26,80   SFr 25,00   ÖS 196,00   E 13,70   ISBN 3-89530-029-2

Howard Chilton
Das praktische Baby-Buch

Das Baby ist da – und nun?
Stillen oder Flasche? Impfen oder
nicht impfen? Hilfe, mein Kind
schreit ohne Unterlaß!

Dr. Chiltons Rat an alle Mütter:
*»Es gibt nur Sie und Ihr
Baby, eine einzigartige
Kombination, und dies ist
Ihr allererster Versuch«.*

Kurz und klar, humorvoll und anteilnehmend wie ein vertrauter Familien-
doktor, räumt das Buch, in einer durch ansprechende Illustrationen
aufgelockerten Form, mit den Ammenmärchen und Ratschlägen auf, die
von allen Seiten auf die neuen Eltern einprasseln.
Dr. Chilton, seit über 30 Jahren Kinderarzt und Chef der Neonatologie
mehrerer renommierter australischer Kliniken, spricht alle wichtigen
Themen an, die junge Eltern nach dem Verlassen der Geburtsklinik
beschäftigen:

- ✗ Richtiges Stillen
- ✗ Flaschenkinder
- ✗ Wochenbettdepression
- ✗ Impfschutz
- ✗ Kinderkrankheiten
- ✗ Beschneidung
- ✗ Koliken und kleine Schreihälse
- ✗ und vieles mehr

Paperback   236 S.   46 farb. Illustr.   15 x 23 cm
DM 26,80   SFr 25,00   ÖS 196,00   E 13,70   ISBN 3-89530-027-6

Anne Hillis, Penelope Stone
Lecker, lecker, lecker

»Man ist, was man isst« – Diese
Erkenntnis gilt auch für Babies
und Kleinkinder.

Bereits in den ersten Lebensjahren werden die Weichen für die spätere
gesundheitliche Entwicklung gestellt, die Ernährung spielt dabei eine
entscheidende Rolle.
Lecker, lecker, lecker ist ein Leitfaden für die richtige Ernährung der Kinder
in den unterschiedlichen Entwicklungsstadien, von den einfachen Bedürfnissen des Neugeborenen bis hin zu Kindergarten-Kindern.
Leicht verständlich vermitteln die Autorinnen die oft komplexen Zusam-
menhänge der Ernährungswissenschaft. Ganz nebenbei erfährt der Leser
auch viel Wissenswertes über die eigene Ernährung.
Ein Rezeptteil zeigt, wie Eltern mit wenig Aufwand leckere und nahrhafte
Gerichte zubereiten können. Ein Lexikon von A-Z am Ende des Buches
bietet schnelle Orientierung.

Paperback   192 S.   35 farbige Ilustr.   15 x 23 cm
DM 26,80   SFr 25,00   ÖS 196,00   E 13,70   ISBN 3-89530-028-4